JN241328

愛と星よみ

～あなたにとって真実の愛を得るための
魔法の力、全惑星意識のメソッド～

はじめに

「水瓶座の時代の意識」にむかったスピリチュアリティを伝えている、愛と星よみ Tao KAORI（タオ・カオリ）です。

はじめにお伝えさせていただくと、この本は占星術を解く「占星術の教本」ではなく、星をとおした意識のお話です。占星術というものが、どのように愛につながるかを解いた本なのです。私は約 10 年間パートナーシップを専門にした愛やスピリチュアリティを伝える活動をし、数年前から占星術要素をとりいれてお伝えしています。

スピリチュアルの世界では 2012 年ごろから、天の川銀河の太陽系が 1 万 3000 年単位の切り替えを迎え、歳差運動からも地球は 2000 年ごろから、約 2200 年サイクルで移行する魚座の時代から水瓶座の時代へ切り替わり、これらの二つの大きなサイクルの変化が、地球に型共鳴しながら「新時代」への過渡期を迎えるといわれています。

「新時代」を迎えることで、これまで「豊か」とかんじていた価値観も変化し、男女のありかた、恋愛、結婚、家族、仕事、などのありかたも変わっていくでしょう。それは分断された意識から統合へのシフトです。

私自身の自己紹介をさせていただくと19歳のころ「愛を探求しろ」とメッセージを宙から受けとり「愛」を探求していく人生となりました。

　現在は、そのプロセスで培ってきたものを女性を中心とした恋愛相談をきっかけに「内面の浄化と統合」「自立的な存在として輝く」サポート活動を夫婦でおこなっています。

　現在の仕事を始めることになった理由は2度の離婚が転機となっております。離婚に至るまでの私自身は、占星術でいうと4元素（火、風、水、土）の要素を使いこなせずに「土の元素」にとらわれ、10天体のなかでは「受動的な惑星意識」で生きていたために、いつも他者に期待する受動的な生きかたでした。

　そのころの私は「自分の信じる道」を創造的に生きるというよりは一般的に日本の社会や家族が、すすめている「女性の豊かさ」「安定の道」を歩いており、その意識の延長線上にあった結婚は一般的には幸福だったのですが、どこか私自身の魂は満たされず暗闇を歩いているような精神状態に襲われていくことになります。

　この鬱々とした状態に対処しようと内観しつづけたときに「一つの記憶」を思いだしました。

それは、子供のころから直観的にかんじたこと雰囲気からかんじることを周囲の大人に「いいきるかたち」で伝えると「変なことをいわない」と注意されることが多く、その感覚が原因で学校生活や集団ルールからは、常に「はみだす」という要素があり危うい生活が増えていきました。これはマズイとかんじ、穏やかに生きるためには自分を変えようと考え、自分のかんじていることは間違っているので「話すのをやめよう」と決めたのです。

　この記憶を思いだしたときに、全身にエネルギーが戻ってくるような閃光が走りました。この体験から「かんじること」を大切にする、主体的な生きかたに再度、進もうとしたときに、私と同じような子供時代を送っていた現在の夫に出会い３度目の結婚をしました。
　常識的に考えると大変そうな人生ではありますが（実際、大変でしたが）私自身はこのころから魂が「充実感」にあふれる人生に変わりはじめたのです。

　そこから、一般的にこれまで「豊か」とされている「女性の幸せ」「恋愛観」「結婚観」は女性たちの可能性を制限的なところに閉じこめているようにさえかんじ、その根源になっていることは２極性の「分断された意識」が、さまざまな恋愛での

苦しみや、人生の苦しみの原因になっていると理解しています。

　女性たちが制限なく最大に輝いていくために「何かできることをしたい」と考えたのちに、大手結婚相談所で結婚アドバイザーをしながら、その後、恋愛コーチとして起業し、恋愛とスピリチュアリティを融合させながら、男女が自分らしく輝きながら「縁を結ぶ」パートナーシップのかたちをサポートしてきました。

　そんなときに、占星術を学びはじめ松村潔先生の著書から「全惑星意識」という言葉に初めて出会います。この言葉の意味を理解はできていませんでしたが、理解をする前に「これだ！」と腑に落ちる感覚があり「衝撃と感銘」を受けます。それは、これまで「愛」についてかんじてきたものを全惑星意識で説明できると直観的にかんじたからです。

　その後に、松村先生の書籍を読むことや講座に参加しながら「人間と精神性と愛」への理解を、自分なりではありますが深めることができ、先生がときおりくださった言葉のすべてが私の励みになりました。

　本書では「新時代」にむかった、女性の生きかた、恋愛観、愛について 10 天体の惑星を使いながら、あらゆる角度からお伝えさせていただきます。

本書にある内容は10年間のなかで実際におこなってきた「恋愛が好転する」意識のつかいかたやポイントを具体的に紹介しています。ぜひ、楽しみながら、ご縁が結ばれていくときの意識の広がりの感覚をつかんでいただければと思います。また、全惑星意識にふれていくことで、占星術に興味がある人にとってもプラスにしていただけるものとなります。

　そして、私事ではありますが「愛を探求しろ」といわれた19歳のとき、私のプログレスの月は「魚座サイン」にありました。プログレスの月は約28年周期ですが、現在の私のプログレスの月は「魚座サイン」の終わりにむかっています。28年かけて12サインを1周してきた経験が、松村先生の全惑星意識に出会うことで結晶化されていくプロセスは魚座30度の「巨大な石の顔」のシンボルのようで、星と人間のあいだにある神秘性に驚かされています。

　このたび、本書への勇気と励ましをくださった松村潔先生と、書籍化してくださった説話社CEO高木利幸さまには大変に感謝の気持ちでいっぱいです。そして、ここまでのすべての流れを応援してくれていた主人に愛と感謝をこめて。

　　　　　　　　　　　　　　愛と星よみ　Tao KAORI

目次

恋愛や縁を
結んでいくための
「処方箋」

恋愛は、意識を広げるだけで
「うまくいく」女性たち

　大手結婚相談所、恋愛コーチ、占いの現場などで 10 年間「男女のすれ違い」の相談を聞きながら複雑に絡まってしまっている 2 人の『縁』を結びなおしてきました。

　○ 恋愛がうまくいかない
　○ 結婚まで到達しない
　○ 最後は振られる
　○ 本命になれない
　○ 肉体関係だけになる
　○ 不倫

　これらの、あらゆるジャンルのご縁の悩みを解消してきましたが、その根底におこなっていたことは「意識を広げる」お手伝いをしてきただけです。
　一般的には恋愛成就は、恋愛テクニックなどの技法に走る傾向もありますが、それは一時的な効果はあるかもしれませんが芯を食うことはできません。ですが、意識を広げるだけで現状

の流れが変わり、芯に近づきはじめることができます。

　意識のシフトに少しふれると、スピリチュアルの世界では約13000年間続いた「分離の時代」は西暦2012年あたりから「統合の時代」へと移り変わる過渡期にはいり、これらは200年以上の時間がかかるともいわれます。社会全体は2極性だったところから多様性へ、競争から共生にむかい、実際にそのような流れを私たちもかんじはじめているのではないでしょうか。
　過去の分断された旧いパラダイムの集合意識では、良いか悪いか、正解か間違いなど2極性のなかで「一つの答え」を求めやすく、そのなかで「一緒であるべき」となりやすいもので、ものごとへの理解が閉鎖的になり、その思考自体が苦しい感情をうみだす要因となってしまいます。

　恋愛、精神世界、占いの現場を多くみてきましたが、昨今の恋愛や愛の思想の方向には「自愛」「女性性」を大切にしていく風潮があります。
　ですが、それらは恋愛において大切な一つの側面であり、愛の構成要素ではありますが「すべてではありません」し、現場をみていても、それだけに極端に偏ると「うまくいかなくなる」局面がでてきています。

愛を説明していくときに「○○だ」といいきれるものはないですが、私は愛は「球体」のようなものだと探求するなかでかんじています。

　すべての人がおかれている場所から愛の球体のような創造がスタートし、あらゆる多面的な要素と結ばれながら球体の密度を濃くし、球体の中心で立ちながら光を発光していくようになる、その球体の創造のプロセスの一つに「恋愛」があると考えています。

　愛を球体と仮定すると 1 + 1 = 2 と直線的なものではなく、あらゆる側面が支えあうので、自愛や女性性などは一つの側面になります。

　分断された意識では一つの側面に「正しさ」の価値をおき、エゴは「一つだけやればいい」とかんじると楽でもあるので惹かれますが、球体が愛だと考えると、一つだけやればいい感覚になると 180 度、反対にある要素を排除していくことになります。分断された愛を採用して生きているときには、常に排除している側面がでてくるので全方位的に自分を理解する視点や、トータル的に相手を理解する視点も育たなくなります。

　自分を中心とした全方位的な膨らみ活動が愛だとすると、何か一つの側面にだけ偏ることは「影」の部分も広がっていくものです。

結婚相談所や恋愛コーチの現場からみていても、一つの思考にとらわれると「影」ができてくるので「影」が女性たちの心を苦しめていました。

　例えば、恋愛指南書などで「女性性」や「自分を愛する」方向でおこなえば、恋愛がうまくいくとされているものがありますが、この状態は、愛の球体の一部分だけを切りとってみていることも多く、その状態では、なかなかうまくいかず、相談にくる女性も多いのです。このような考えかたで恋愛がうまくいくなら、それは女性にとっては都合が良いもので「気分は良い」ものかもしれませんが、その状態の女性と男性が交際をしたいと思うかどうかは「別の問題」があります。そのことに意識がひろがるきっかけに本書がなれればと思っています。

　例えば、女性が「自分の気分」に価値をおくことを愛と考えているときには、「共感」されているときだけに愛をかんじることになるでしょう。この状態の女性を男性が見たときには「かわいらしい」印象は与えますが、同時に幼い印象もかんじさせます。そして「ある年齢」を迎えると、こういった印象が強くあらわれる女性とは、男性は距離を置き、真剣交際の相手としては接点をもたなくなります。

　現代の日本の潮流は「自愛」をしていたら男性から愛される

と信じる傾向が強まっていますが、それは短絡的な解釈でしょう。自立心のある男性たちは「人生を共に歩み、二人で創造していくパートナーが欲しい」「共生できるパートナー」と考えているときには、自愛系の色が濃い女性には接点をかんじることはきっと難しくなります。なぜかというと「自愛」に価値をおくこと自体が、相手側からみると「超個人的」な分断された世界に住んでいることがわかるからです。

　誰もが分断された超個人的な世界で独りよがりになっているときには別の考えかた、別の意識のもちかた、違う視点への理解はできなくなりますから、接点はできません。

　ですが女性同士の場合は「自愛」はお互いが心地が良いので、女性同士の接点や共通意識はできやすくなり「これさえやっていればいい」と錯覚します。つまり女性同士のつながりとしては、縁が拡大し繁栄するかもしれませんが、男性との接点は減っていくこともあるのです。

　また、女性の自主性を養うことが難しい国民性や、幼少期に十分な感情体験が味わえなかった環境の女性ほど「個人の感情」や「個人の欲望」を後天的に埋めたいと望むのは自然なことで「自愛」を大切にしていくことが心理的な緊張をゆるませてホッとできます。
「自愛」を大切にする潮流ができる背景には、そのぶん、女性

の奥深いところに「感情面での癒し」が必要なメンタルをつくってしまった社会的背景や家庭環境もあるのです。

　ですから、自分の個人的な感情をヒーリングし癒すためには自愛はとても重要なことです。ですが本書で知っていただきたいのは自愛の先にある、「人と人を結ぶ」恋愛や愛なので自愛だけでは男性との接点は難しいこともお話ししなければなりません。

　縁がまとまらない女性を解放へ向けて伴走させていただくとそれは、例えば「受動から能動」「男性性と女性性の解放」「自己愛、他者との愛、全体性の愛のバランス」というように、分断から統合に意識が広がることで、関係が癒されて、動いていきます。

○ 恋愛をあきらめていた女性が数年ぶりに恋愛し結婚
○ 悲しい結末ばかりがつづいていた女性が結婚
○ 数年間、結婚を決めてくれなかった男性からのプロポーズ
○ 恋愛の進めたかたがわからなかった女性が交際
○ 男性が怖かった女性が、男性と仲良くできるように
○ 嫌悪感を抱いていた男性上司と仲良くなる

　また、女性は26歳ぐらいを迎えると今までの恋愛パターンではうまくいかなくなり「流れが変わる」タイミングがあると

漠然とかんじていました。それは「主体性をもつ」ことが必要になる意識の転換期です。

　そのことについて 40 代に占星術を学んだとき、10 天体と人間の呼応関係と、26 歳前後で「受動から能動」に意識が切り替わることを知りました。

　そのときに、今までかんじていたことは「やっぱり、そうなのだ」と確信し、占星術の普遍的なメッセージに感銘を受けました。そこから古代から続く占星術が伝えようとしている「惑星」や「恒星」は、今の私たちに「何を語りかけようとしているのか」時空をこえた愛をかんじ、現在は占星術の構造をアドバイスに使っています。

　現代の私たちは、長い間、分断された意識のなかで、星々とのつながりや外部とのつながりがわからなくなった状態で、自分のことや相手のことを多角的に考えることなく「私は〇〇座だから」「恋愛本で●●すればいいと書いてあった」と一つの答えを求めることで、逆にさまよいやすいようにみえます。

　それを例えるとすると、白が正しいとして黒を否定して生きてきたけど、ある日、やっぱり黒が正しいかも？と考えはじめ、今度は白を全否定しはじめたりしてしまう。このようなことは分断された意識に無自覚なときには、誰もがおこってしまってい

るものです。これらが極端な場合には、裏切られた、騙された、奪われたと考えることや、過去を失敗とみなし、過去の自分のことを全否定するというような自責の念や、被害者意識となることもあります。

　分断された世界に住んでいるときは、必ず極端なところを行き来しますから、その間は場所を変え、人を変えながら「一つの正解」「一つの人格」「一つの愛」を探しながら、常に何かを否定していくことになるので、結局は「同じステージ」のなかでグルグルまわってしまいます。ポジティブ、良い気分、自愛だけを大事にする恋愛論や精神論は、統合ではなく分離を深めてしまいかねないのです。

　ここ 10 年間、分断された意識からの相談内容は
　○ 彼の気持ちがわからない
　○ 彼が何を考えているか理解できない
　○ 彼に嫌われたのではないか
　○ 私はどうしたらいいですか？
　というものが多いです。

　私からの投げかけとして「彼は○○とかんじていますよ」「あなたの態度が○○と誤解をさせているかもね？」と、「二人の

状況に違う角度から光をあてていくと、相談者は既にあった「愛」や「優しさ」がわかります。これは分断された世界に閉じこもっているときには暗い世界になりやすいですが、意識がひろがると夜明けがやってくるようなものなのです。

　私が現場で、やってきたことは一つの思考にとらわれているところに、多角的な視点を照らしてきたのですが、相談者も多角的に見ることができれば「自分の状態も相手の状態」も理解ができるので心が落ち着きます。

　思考が一つにとらわれているときには、自分の現在地がわからないので不安になりますが、逆にいうと、自分の現在地がわかれば不安がきても飲みこまれなくなります。それは、鳥のような俯瞰する視点をもつだけで「今、どこにむかっていて、私と相手はどうなっていて、そのなかでどうすればいいのか？」夢の地図にむかった対処の仕方がわかり「可能性の抜け道」を発見できるようになります。

　例えば、愛にも「自己愛、他者との愛、全体性の愛」など大きく３つのステージがありますが、現在の自分は、何と結ばれているときに愛をかんじるのかを知るのが大切です。

　それぞれの愛のステージの、何が優れていて、何が劣っているのかではありません。

すべては同等に大切であり、自分と自分以外の双方が、通じあい支えあっているのです。

○ 自己愛を大切にしたいときには、優しい人、寛容な人、自分に対して NO とはいわず全面的に一方的に感情を受けいれてくれる人を求めます。理想的な父や、理想的な母のような懐の深い人を求め、自分は子供でいたい、ワガママを受けいれてほしいときなので、それを満たすことで愛をかんじます。

○ 他者との愛を大切にしたいときには、異質な球体である二人が研磨しながら一つに融合し「二人がまとまる」プロセスに絆や喜びをかんじます。「深い関わり」をもてる相手を求め、お互いが影響しあうことで個人が成長し、自身が変われることに愛をかんじます。

○ 全体性との愛を大切にしたいときでは、おかれた状況や、周囲とのかかわりのなかで「今、自分は何ができるのか?」誰かの夢や、全体性の希望にむかって、全体のステージレベルがあがるために、自分の資質をもって貢献できることに、愛と喜びをかんじます。

愛は異質なものを自由自在に「結ぶ」ことや「離す」ことで

無限に球体のサイズを膨らませていくことや小さくすることも可能ですが、本書をとおして、まず「どんな要素に愛」をかんじているのか？

　現在地を知ることから始めます、そして自分に相応しいものに気づき、今まで見えていない愛の要素もわかってしまいましょう。

　下記にあてはまるものが一つでもあれば、本書を読みすすめることで相応しい縁の運びかた、結びかたがわかるかもしれません。

　○ 男性に選ばれることに価値をおいている

　○ 初めてのデートはできるけど、次につながらない

　○ 異性と縁はあるけど、恋愛に発展しない

　○ 自分を大切にしていたら「振られた」

　○ 既読スルーやドタキャンが多い

　○ ほかの女性にとられた、次の彼女とは結婚を決めていた

　○ 交際はできても結婚には至らない

　○ モテる自覚はあるけど、別れをつげられやすい

　○ 重い、軽い、一人でも楽しそう、といわれたことがある

　○ どうやって恋愛したらいいのかわからない

　○ 男性が怖い、男性のことが理解できない

　○ 不倫、パートナーがいる人と関係をもちやすい

　○ 人に頼れない、甘えることができない

○人の顔色をうかがい、遠慮しがち

○精神論ばかりで、実生活で愛ある関係を築けていない

○スピリチュアルは好きだけど、恋愛関係はいつもうまくいかない

　本書を恋愛や縁を結んでいくための「処方箋^{せん}」のようなかたちでお役に立てていただけたらと思います。

愛の循環の「2つの流れ」
（悟りと愛）

　本書では愛の創造活動を全惑星意識で説明をしていきますが、本題に入る前に、愛の循環には大きく「2つの流れ」があることにも少しふれておきたいと思います。

　5年ほど前に第5密度以上のアルクトゥルスのエンティティー（存在）ルーマをチャネリングするアニー・ボッシングハム氏から、光の存在とされる高次元意識集団メッセンジャーオブライト（アルクトゥルス、アンタレス、シリウス連合）のチャネリングヒーリングを学んだとき「愛とは創造的で呼吸のようなもの」と教えてくれました。そのときは、まだ輪郭をつかめていませんでしたが、そこから松村潔先生の宇宙論に出会い、創造の光線の「進化の流れと下降の流れ」、「上昇と下降オクターブ論」にふれたときに「愛は創造的で呼吸のようなもの」の意味が立体的なイメージとしてつかむことができました。

　それは、人間が愛の創造的活動をしていくときには2方向の流れがあり「吸うときと、吐くとき」「上がるとき（精神）と

降りるとき（物質）」「悟りと愛」「統合と分離」という、これらの2つの反対の流れが1セットとして、無意識的に絶え間なく、生命活動はおこなわれており、追いかけっこで例えると、鬼ごっこは「鬼と子」の1セットのように生命活動のゲームは、常にこの落差によって生命全体として絶え間なく活性するものであると解釈できるのです。

　この愛の循環の輪郭をつかんだとき、深いところに喜びが広がりました。それは人々が13000年間ちかくつづけてきた「分離の時代」からの落差がうんできた緊張というものに対して、意識がひろがるきっかけになるとかんじたのです。現在の分離の時代は、落差のあるものを良くないと考え、あらゆる場面で他人にたいして「同じであるべき」と、一つの側面を「正しい」としてしまい、反対にある別の側面を否定することで緊張がうまれているというものです。そして「同じであるべき」「数の多いほうが正しい」と一色的な価値観になり、そのなかで少数派、異質なほうは「間違っている」として、正そうとしていくことに人間界は忙しく、日々、争いがうまれています。

　ですが、それは宇宙の根源を忘れてしまっている状態です。宇宙は、異質なものがふれあうことで活性されて「あたらしい命」「あたらしい可能性」がうまれるのです。生命は異質な要

素の「鬼ごっこ」のなかで活発さがうまれているので、異質なものを「摩擦」と考えてしまうと宇宙の生命活動におけるバランスは崩れます。

　私たちは長いあいだ西欧的な価値観に染まり「物質中心主義」となり「精神性」や「目に見えないもの」を排除してきた価値観のなかにいます。それは昼と夜、吸うと吐く、天（精神）と地（物）が「ワンセット」であることをあらゆる場面で忘れ、一つの側面だけを重視するような怠慢な価値観にすすんでいったのです。「一つの側面」を重んじるとエゴにとっては楽ですが、生命活動全体としてみていくと閉鎖にむかうので、行き詰まり、生命線が弱まっていきます。本書を読みすすめる前に反対にみえる「二つの流れ」が生命の大本として「なくてはならない要素」であることを、知っていただきたいと思います。

　松村潔先生によると「創造の光線」とされる意識の階段には

○物質密度の濃い、振動数の重い（目にみえる）ところから、
　物質密度の薄い、振動数の高い（目にみえない）ところへ
　上昇する「進化のながれ」

　というのと

○振動数の高い（目にみえない）ところから、物質密度が濃
　くなる、振動数の重たい（目にみえる）ところへ降りてい
　く「下降のながれ」

というものが、あります。

　これは人間の愛の創造活動が、物質界から意識が広がり上がっ
ていき、目にみえない（愛、魂、本質）というものへと、自ら
の精神がつながっていくことによる悟りへの豊かさと、本質に
辿りつき、目にみえない「振動数の高い波動」の意識を、物質
界に下ろすことにおける、上がったり下がったりする、豊かさ
であることを、説明してくださっていると解釈をしています。

　「鬼ごっこ」の鬼と子はワンセットといいましたが、「鬼＝邪
悪」が現代の共通認識になっていますが、この解釈にたいして
「見落としがあるのでは？」とかんじ、調べてみたところ、も
ともとの鬼の言葉の起源は「陰（おん）」であり、「陰」は目に
みえない気や、霊的なもの全般を指し、「魂や、魄や、魅」など、
目にみえないものを指す言葉に、鬼の文字がついていることが
腑に落ちました。また「鬼才」の言葉の意味には「人間離れし
た」「人間をこえたもの」が働く意味が含まれています。つま
り鬼の起源は、もともと良いや悪いということはなく「目にみ

えない」もの全てを表す「陰（おん）がオニ」とされ、そこから、分離の時代にはいり「物質重視」となり説明できないような振動が高いものや、理解に苦しむものには不気味さをかんじ、「邪悪」としていった人間の意識をかんじます。

　また、古事記では天地の区別がまだないときに根源的な神として最初にうまれたのが「一柱（ひとはしら）」の「国之常立尊神（くにのとこたちのかみ）」ですが、国之常立尊神の「天と地は一つであり、そこに永遠の国がある」とする、天地の両立を説く、純粋で正直な神威にたいし、その厳格さについていけないとかんじた八百万の神々の「邪念」がふえはじめ、純粋すぎる国之常立尊神（くにのとこたちのかみ）を厄介とかんじ、神々は一致して引退をお願いし、鬼門をもって封じ、そこから世のなかの秩序が乱れていき、現代までつづいているという説があります。『日本書紀』でも「陰気さが全くない純男」であると、国之常立尊神（くにのとこたちのかみ）のことが描写されています。

　現象界である地上の「物質密度」が濃くなった世界では、霊的なものと物質がつながっていることを忘れ、振動数の高いものへの意識や、理解はむずかしくなっていきますから、神の世界においても、「霊性（目にみえない）と物質界（目にみえる）」の二つのあいだには、摩擦がおこっていたことがみえてきます。

これまで、つづいてきた分離の時代は、精神性よりも物質的な豊かさ、人間のエゴを中心に価値がおかれた時代ですから、目にみえない世界、夜の世界、星信仰、霊的なもの（陰）にたいして「なんとなく」邪悪として封印し、近代的な文化に染まりながら物質を重視する方向に流れていましたが、ここから数百年かけながら「目にみえない高次成分」と再度、つながりながら「昼と夜」「精神と物質」「天と地」という、どちらもが呼応し、関係しあっている調和の「本質」というものを思いだす流れにむかっていると思います。

　この2つの流れを、恋愛サイズで例えると、愛されたいと「受けとる」ことが喜びにかんじるときには物質的なところから始まり、精神的には「悟り」の方向にむかっています。先ほどの例でいうと、吸う、上がる、進化する流れとなり、このときは分離から統合にむかいながら、得ることが精神的な喜びや、満足感とつながり心が満たされます。憧れ、尊敬、進化、成長、凄いをかんじるときに「恋愛でつながる意味」を見出しやすくなるでしょう。占星術の12サインの進化の流れをみても射手座サインまでは、自愛や他者とのなかで愛の要素を吸収しながら、自我を太らせていくのが楽しいときですが、射手座サイン以降になると、吸収してきたものを、人に教えたり、社会や未来に貢献したり、愛を与えていくことに喜びをかんじる段階に

なります。愛の循環サイクルは、息を吸いきってエネルギーが満タンになると、次は「吐く」ことにむかうので「与えること」「励ますこと」「教えること」「シェアすること」「尽くすこと」「愛すこと」、振動数の高いものを「物質のすみずみ」まで行き渡らせ、細部まで降りていく創造活動となっていきます。

　また、吸うタイミングの「悟り」のときには、吐く人が「魂の灯台」となり、自分の道を照らし、生きる意味を思いださせてくれるきっかけになることもあります。

　誰もが、吐く側に反転すると「愛」の自家発電装置がフル稼働しはじめるので、ご縁したものやふれたものにたいし、惜しみなく愛し、エネルギーを与えることが喜びになります。
　例えば、著名なかたなどで「なぜ、ここまで人のためにできるのだろう」「なぜ、ここまで細やかなのだろう」と偉業を残す人の背後にそれらをかんじますが、これは、ここでいう愛の循環サイクルでは「吐くとき」なのです。吸収してきたものを細部まで流していく工夫をしながら、物質世界に振動数の高いものをもちこみながら「再構築」する創造活動が喜びになります。吐くタイミングになると「なぜ、そこまで人のためにできるのですか？」とインタビューしても「楽しそうだったから」と、お金とか名誉のためにやっているというより、もっと純粋な動

機が裏にあります。

　恋愛でも「受けとる」ことが、喜びにむかうときと「与えること」に喜びがむかうときがあります。これらは双方が自分のなかに存在する流れなので、臨機応変にできたら理想的なのかもしれませんが、例えば、「愛されたい」に意識がむいているときには、愛を「与える」「尽くす」ことに専念している人が「自己犠牲している」「もっと自分を大切にしたほうが良い」「人のためにやりすぎ」と、自分をまるで見失っているかのようにみえるかもしれません。(実際にそうなっているケースもあります)

　ですが、ここでいう「吐く」下降の流れにはいったときには愛が満タンになっているのでふれるものにたいしギブ＆ギブでいることが、自分の喜びとつながり「自己犠牲」の感覚がなくなるのです。

　愛の循環の流れは良い悪いではなく、反対の性質が働きかけあいながら、精神的な喜びを共同創造しています。どちらの流れも意識的にアクセスできるようになると理想的なのかもしれませんが、私たちは恒常的な生命活動のために、常に「異質」なものが助けあっていることも知っていなければならないと思います。

「愛の魔法」の準備

　さて、本書では「愛の魔法」の使いかたを思いだすために「全惑星意識 =10 天体」を使って説明をしていきます。占星術に親しみがないかたでも本書はあまり関係がありませんので、すべての人にとって最後まで読んでいただいたときに「愛」の創造性がつかめるように構成しています。

　愛とは、「○○」と一言でいいきれるものはなく、さまざまな要素が背後で支えあっているものです。例えば、愛を構成している要素のなかには「共感、興味、喜び、覚悟、委ねる、勇気……」などがあり、これらも愛を構成する要素の一つです。本書は愛を構成している要素を 10 天体として扱い、それぞれの天体を活性しながら占星術ワードをとおして「愛の魔法」が働くように意図していますが、それはホロスコープや天文学的な観点で検証をおいかけるものではなく、ワークをとおして能動的に掴める感覚です。

　これまで恋愛を軸としたスピリチュアル活動を夫婦でおこなってきましたが、「愛の魔法」が機能するプロセスには、「気

づき」と「解放」が必要になるとかんじております。例えると「夢」や「願望」があったとしても「できない」「無理」と心のどこかで考えているときには「願望にブレーキを踏んでいる」ことに、一人では気づけないことも多くありました。「願望」にアクセルとブレーキを一緒に踏んでいるときには「愛の魔法」は働きませんが、セッションや講座、ヒーリングをとおしてブレーキとなっている信念体系や葛藤、感情（痛みや恐れ）にたいして「気づき」と「解放」をくりかえていくと、思考と感情とカラダの「浄化と統合」がすすみ「全惑星意識」にアクセスしていくことになるので、願望が現実化していきます。本書は、私たちがセッションや講座などでおこなっている全惑星意識の階段をのぼるコツをつかんでいただきたいと思っています。

　また、日ごろの雑誌の星占いなどでは「太陽星座が〇〇座」とあるので太陽だけが自分に関係があるとかんじるものですが、それは愛の魔法が「10分の1だけ働く」意識となり見落としがでてきます。本書でとりあげる「全惑星意識」は10天体のすべてが「あなた自身」と考え、すべての天体が、愛の創造性を発揮していくために必要な「素材」になります。

　「愛の魔法」が働く準備として全惑星意識の素材の10天体を集めていきましょう。料理にたとえると「全惑星意識のスー

プ」をつくる準備をします。全惑星意識のスープをつくるには、10天体を集め、素材の癖を知り、それぞれの天体の「扱いかた」、現在「どんな天体に馴染んでいるのか？」明らかにすることで、足りていない魔法の「素材」がわかり、準備ができます。それは、夢が現実化していくドリームマップの地図をひろげ、現在地を確認するような作業です。

　これまで占星術をとおして女性とかかわってきましたが「全惑星意識のスープ」のレシピがわかりはじめると「愛の魔法」がどうすれば働くのかが具体的にわかるので、素材を集めることが楽しくなります。そして素材が集まると「願望」が叶っていくので、女性たちは生活全体に明るさをかんじていきます。

　本書は、愛の魔法となる全惑星意識の「スープのレシピ」をお伝えしますが、「愛の魔法」は情報だけで理解するのは難しいのも事実です。愛については、すでにお伝えしましたが高振動で生命エネルギーにあふれるものなので思考で分析し、理屈でわかるものではなく「かんじること」とセットでわかるものです。もし、思考だけで愛をとらえようとすると、机上の空論の愛、理屈っぽい愛になることもあり、そのときには魔法が働きません。愛の魔法が働く、全惑星意識とは「思考と感情とカラダ」が丸ごとスープのなかに飛びこみ、全身で理解し「腑に

落ちる」ことです。それは料理のレシピを眺めているだけでわかったつもりになるのではなく、実際に「調理する」「味わう」ことでわかることと同じです。

　次のページから 10 天体について知り、天体を活性させていくワークを紹介しています。

　ぜひ、「宝さがし」のような気持ちで「全惑星意識」の旅を楽しんでください。

　まず、あなたの「10 天体の馴染みぐあい」をチェックしていきましょう。

全惑星意識チェックシート
（10 天体との馴染みぐあいを知ろう）

　該当するものにチェックをいれ、最後に各記号の合計の数を
だしてみましょう。

○ 気分のままに過ごせる時間や場所はとれている

▲ 好奇心や興味がむいたことは考えすぎず経験しようとする

□ 自分の心地良さや趣味に、お金や時間をかけることに抵
　抗なく楽しめる

● 目標を決めて達成していくことに充実感をかんじる（努
　力は楽しいとかんじる）

▽ どんな人といても NO と言うことや、断ることができる

■ ノリがよく楽観的で、あまりシリアスにならない

◎ ルールや秩序を大切にすることに抵抗がない

★ 旧い体質や、旧い関係性に「自ら改革的」な行動を起こ
　すことがある

◇ 直感や夢や「目にみえない情報」を信頼している

☆ 興味があることは時間やカラダのことを忘れて無我夢中
　になれる

○ 情緒がいつも安定していて、気力がないとかんじること
　はない

▲ 旅行や知識を得る経験は、財産と考えフットワークが軽い

□ 自分を魅力的に見せることや、人にアピールすることに
　抵抗がなく楽しい

● 人生の決断は、他人に委ねるより、自分で決断する

▽ 意見を主張することに抵抗がない（ときに、怒っている
　とかんじられることにも抵抗がない）

■ 物事には常に「ポジティブ」な側面もあるので「ネガティ
　ブ」なことにも寛容的

◎ 歴史的なものや、伝統を維持することは大切だとかんじる

★ 斬新なもの、先鋭的で未来的なものに惹かれる

◇ 占いや統計学、スピリチュアルの情報をきっかけに人生
　を決めることがある

☆ 死の後にも世界があり、宇宙的な魂のルーツがあると信
　じている

○ 心理的なストレス発散が上手。淋しいといえる

▲ コミュニュケーションが好きで、会話や文章を書くこと
　に抵抗がない

□ 心が豊かになるための時間（五感を味わう）や、楽しむ
　時間はとれている

● 自分の目標にむかうとき、困難や課題があってもあきら

めず達成していく

▽ セクシーさや怒りについて肯定的であり、ここぞという
ときには大胆になれる

■ 癒し系、天然系、おおざっぱなどといわれることがある

◎ 人に頼られやすく、責任ある立場になることが多い

★ インターネットやAI（人工知能）に対して抵抗がなく、
日本はもっと先鋭的になってほしい

◇ 音楽や芸術やイマジネーションを通して「今ここ」から
離れる時間を大切にしている

☆「過去の自分を変える」「変容する」と聞くと怖さより「ワ
クワク」する

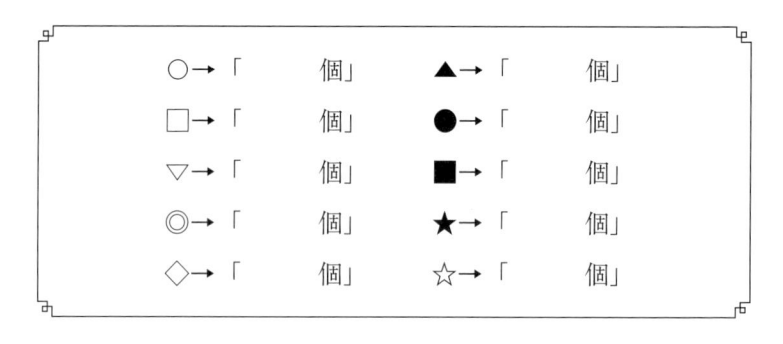

全部の記号に1個はチェックができていますか？
できている　or　できていない

このチェックシートから現段階においての「惑星意識」「全

惑星意識」の馴染みぐあいを知ることができます。現状を把握していくことで、あなたのなかで意識ができてなかった「原石」に光をあてていくことが可能になります。

　10天体とはすべてが「あなたの一部」であり、あなたの人生を「創造的」に突き動かしていくための大切なパートナーです。このシートをきっかけに、あなたのなかに眠る10天体の原石を発掘していきましょう。

　記号のチェックでみえてくるのは、現在の10天体の「馴染みぐあい」と、惑星意識、全惑星意識の比率を確認できます。これは優劣があるわけではなく、現状を把握することで今の自分に必要な要素や、まだみぬ可能性がわかります。

○10個のマークにすべてにチェックできたし15個未満
　➡ 全惑星意識度　弱め
　全惑星意識が馴染んでおり、自分が人生の創造主であることを理解しています

○10個のマークにすべてチェックし15個以上
　➡ 全惑星意識度　普通
やりたいことにむかって人生を創造的につくりあげていくことを楽しめています

○ 10個のマークにチェックし20個以上

➡ 全惑星意識度 高め

　やりたいことを現実化する広い視野と能力があります。失敗や困難さえも「発見」や「気づき」ととらえ人生が歓喜にあふれ、自分らしいダイナミックな人生を創造できるでしょう。

○ 10個のマークにチェックがつかなかったけど、10個〜21個未満

➡ 惑星意識度 高め

　楽しい日もあるけど、落ちこむ日もあるというふうになりやすく、周囲の影響や関係性をとおして気分や、考えが変わりやすいでしょう。その結果、いい気分を味あわせてくれる人だけとつき合うこともあります。自分だけでは「やりたいこと」に自信がもてなくなったり「目的」がわからなくなったりすることもあります。

○ 10個のマークにチェックはつかなかったけど、チェックできたものが1個〜9個未満

➡ 惑星意識度 低め

　信頼できる人や場所と接点をもち、どこかに所属することで安心感を得るタイプです。

不安や心配にかられやすいところがあるので、常に、頼れる場所や組織や関係性を大切にするとよいでしょう。頼れる存在や守られているとかんじる場所を一つみつけておくと心身が健やかでいられます。

全惑星意識チェックシート
（天体がうまく使えてないときに起こりやすい現象）

　チェックシートの各記号は 10 天体と呼応しています。記号が少ないものは、現段階のあなたにとって苦手とかんじるものや意識の光が届いていないところでしょう。

　10 天体を思いだす旅には、すべての人が参加をしていますが、年齢からくる経験側の違いがあるので、天体の馴染みぐあいには個人差がでます。

　各天体の馴染みぐあいが乏しいとき、現象として「どんなふうにあらわれやすいのか」簡単にみてみましょう。次の項目から 10 天体を活性させるワークを紹介しています。

（月に関係する現象）
　〇 不安や心配になりやすく、情緒が不安定
　〇 メンヘラといわれたことがある
　〇 意味もなく涙がでることや、鬱っぽいとかんじる
　〇 人の弱さをみることや、自分の悩みを人にみせみることが苦手。淋しいといえない
　〇 ひどく疲れていて、休みの日は気力がない

〇 人前で心をあらわにする人に嫌悪感や恥ずかしさがある

（水星に関係する現象）

▲ 言葉で表現すること（書く、話す）ことやコミュニュケーションが苦手

▲ 理解するまで学ぶことや調べることができず、途中でやめがち

▲ 学びたいことや、知りたいことへのフットワークが重たい

▲ 興味があること、わからないことを追究せず、考えることも、人に聞くことも諦めやすい

▲ 言葉の正しさに囚われ理屈っぽく、言葉にするのは「むずかしい」という防衛癖がある

▲「教えてください」「わからない」と伝えることや、間違えることに対し恥ずかしさや抵抗が強い

（金星に関係する現象）

□ かわいい人、甘え上手な人に嫉妬しやすい

□ SNS で楽しそうな人や、自撮りをしている人に嫌悪感がある

□ 華やかなもの、かわいいもの、美しいものをとりいれることに恥ずかしさがあり、無難なものを選びやすい

□ 楽しむことに「理由」を探し「していいのかな？」と考

えやすい

□ 趣味が多い人、自分の時間を大切にしている人に寛容に
なれず、邪魔をしてしまう

□ 人への期待心が強く、失望することや不満が多い

（太陽に関係する現象）

● 成功者や人生がうまくいっている人に嫉妬しやすい

● ミーハーな傾向があり、有名人や社会的ステイタスにふ
りまわされがち

●「自分らしく生きていい」といわれると、どう生きたらい
いかわからない

● 努力して掴む充実感より、気分にまかせて楽に生きてい
たい

● 問題が起こると、どう対処したらいいのかわからない

●自尊心が低く、自分の決断や行動に自信がもてない

（火星に関係する現象）

▽ 怒りは良くないのでださないようにしたり、怒っている
人をみると否定的な反応をしてしまう

▽ ストレスがたまると性的なことで発散や、乱暴になるパ
ターンがあり自己嫌悪しがち

▽ 問題をみてみぬふりをして、先送りしたり回避しやすい

▽ セクシーな人、自己主張が強い人、率直な言いかたの人に嫌悪感がある

▽ 男性の情熱やストレートな表現にたいして抵抗感や怖さがある

▽ 情熱にしたがって、すぐに行動することができない

（木星に関係する現象）

■ 人を許すことにたいして、抵抗がある

■ 人生にたいして、悲観的に考えやすい

■ ポジティブな人、楽観的な人を馬鹿にしがち

■ 自分は恵まれていないと思い、人のことを羨み、僻みがち

■ 哲学や道徳や宗教などへの良さがわからない

■ 人を許すことは、自分が損をして不幸になる気がする

（土星に関係する現象）

◎ 時間がかかることや、努力がいることはすぐに諦める

◎ 試練とむきあえず、逃げだすことが多い

◎ 指示や指導されると「厳しくて嫌な人」と判断しやすい

◎ 組織やルールにたいして制限と緊張しかかんじない

◎ 責任感がない、信頼に欠ける、甘いといわれたことがある

◎ ルールを守る意味が、よくわからない

（天王星に関係する現象）

★ 家族へ反抗をしたことや、社会の権威に反発したことがない

★ LGBTQ や同性婚にたいして偏見があり理解ができない

★ 自主的な転職、一人暮らし、別れを決めるなどをしたことがない

★ ルールや権威に迎合しない人に、羨ましさや嫉妬心がある

★ みんなと一緒、みんなと同じであるほうが安心ができる

★ SNS や AI など新奇なものや未来的なものに抵抗が強い

（海王星に関係する現象）

◇ 音楽、芸術、精神世界、宗教などは無意味だと思う

◇ 夢でみたことや、目にみえないことに「メッセージがある」と聞くと拒否反応がある

◇ 自己陶酔している人、お酒で酔っている人をみると嫌悪感がある

◇ 夢やロマンを語る人、神秘体験をした人、スピリチュアルの話をしている人を心のどこかで馬鹿にしている

◇ 精神世界、占い、芸術、音楽は現実逃避でしかなく価値がないと思う

◇ 目にみえることが真実であり、予感や直感や雰囲気にはあまり価値をおいていない

（冥王星に関係する現象）

　☆ 未知のものや、未知の世界にはワクワクより恐怖心が強い

　☆ 人生には破壊と再生が大切であると聞くと、その意味が
　　 わからない

　☆ 無我夢中になることや、何かにのめりこむ状態に恐怖心
　　 があり抑えている

　☆ 社会の「影」や自分の「影」をみることは怖いことで、
　　 なるべくみないようにしている

　☆ 人間は死んだら終わりで、その先の世界はないと思う

　☆ 執着心はよくないことであり、しつこいことはネガティ
　　 ブなイメージしかない

月を活性させる（0歳から7歳）

Moon

　さて、ここから愛の魔法「全惑星意識のスープ」の素材となる10天体の性質について説明をしていきます。

　まず月の意識とは、プライベートのリラックスしたときにだけ顔をだす「素のままの自分」であり「超個人的な癖やパターン」を包みこんだ意識です。

　占星術では月意識が育まれる年齢域を0歳~7歳とし、その時期にかかわる母親や環境における影響が、月星座をとおして内包されます。母親や母親的な存在とのかかわりのなかで「性格の基礎」となる、感情パターンや癖などが、月星座の要素を軸としながら潜在的な自分として組みこまれ、無意識な自分となります。

　ですから、月を活性化させて、月に回帰するとは、個人が幼いときに培った、懐かしい感覚に戻れることを意味し、個人が心理的な安らぎを「どこに求めるのか」を指し示す、天体なのです。

　月意識があらわすものには性格の基礎となる、感情パターン、

癖（習慣）、個人的な欲望、気分、心理的な安心など、プライベートのときの自分が、どういったことをおこなえば、リラックスした心理状態でいられるのか「情緒面」との関係を知ることができるのです。

　私たちが月意識を無視した生活をつづけていくと心理的なリラックスをかんじることができなくなり、次第に「心配」「不安」「疑心」といったネガティブな感情に占有されて、情緒が不安定になっていくものです。

　日本は先進国のなかでも働きすぎといわれますが月意識（感情や心理的リラックス）を無視した仕事のしかたや、社会生活がつづいていくと「自律神経の乱れ」「鬱」といったかたちで、何かしら「心の充電」が必要なことをカラダが訴えるようになります。

　また、月は感情、気持ち、女性性にも関係していることから、恋愛の場面で、月意識が活性されていない男性を女性がみたときには「気持ちがみえにくく冷たい」印象となります。

　恋愛や結婚はプライベートを共にした気持ちを通わせる関係ですから、月意識が不活性な男性にたいしては「恋愛や結婚」を女性は想像しづらくなるものです。

月意識は「心がほっとする」馴染みぶかいものに関係していますから、月意識を開発すると愛情や気持ちに関する情緒的な面が豊かになり、共感力の高い感覚が育ちます。それにより、周囲の人をホッとさせる親しみやすい雰囲気をつくれるようになるので、人気運もあがるものです。

月を活性させるワーク

　それでは、月意識が担当する「感情や欲望」を満たしていきます。それは幼少期の子供時代に回帰したような、誰のことも気にしない「素のままの自分」であり、本能のおもむくままのような「気分を大切」にすることを体験します。

　月意識は超プライベートなところで無自覚にくりかえす、癖やパターンなので、人に見せることや知られるのは恥ずかしいようなことですが、それらは自分にとってホッとする懐かしいものに包まれるものとなるので、毎日、できることからはじめてみましょう。

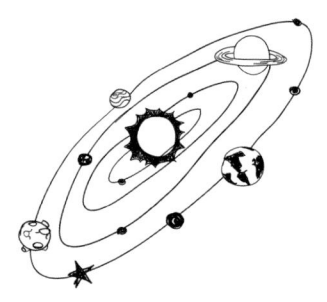

→家に帰ってきたら、気分のままに過ごせる、時間や場所を確保する

→寝たいときに寝て、食べたいときに食べて、飲みたいときに飲んで、思いのまま過ごす

→心配や不安をかかえていることを隠さず、誰かに不安を伝え、聞いてもらう

→母親、女性、他者に愚痴や不満を「ただ話を聞いてほしい」と甘える

→感情をゆらすために涙を誘うような映画、小説、音楽などピンとくるもので感情の波を味わう

→幼少期のころに好きだったことや、自分の世界に入りこめていたことを思いだしてみましょう

月を活性させるスケジュール

月意識は毎日ワークしましょう。それは素のままの自然体なあなたを包み、リラックスできる時間を確保すること。

月の使い方の例

★ 一人の時間や空間（お風呂、車、イヤホンで外部と遮断）を確保し、音楽、動画、本、ゲーム、歌を歌うなどしな

がら何時間でも気のすむまで欲求を満たしましょう

★ 掃除や細かいことに集中すると気持ちがスッキリする人は、ひたすら掃除、片付け、断捨離、手芸、家事、塗り絵などをします

★ 本能のおもむくまま寝る、食べる「あとさき考えないで気分」を大切にしましょう。時間が遅い、カラダに悪い、人にみられたら恥ずかしいなど、気にせずに思い切りグダグダする自分をゆるしましょう

★ 仕事の緊張から、疲れやストレスを感じている男性は身近な女性に「ただ側にいて欲しい」「声が聞きたい」「少し静かにしてほしい」など勇気をもって「ありのままの自分」を包容してもらえるように甘えてみましょう（ほとんどの女性はあなたを包容してくれます）

★ 不満、愚痴、ネガティブ、心配事、本音を「ノートに書きだす」または、身近な誰かに聞いてもらいましょう。もし難しい場合はカウンセラー、占い師、病院の医師などでもOK。ここではアドバイスをもらうより、聞くに徹してもらえる人を意識してみるとよいです

★ 母親や心を許せる寛容な女性に「は〜、疲れたぁ」「も〜ダメかも」「もう無理だ〜」「さみしい」「キツイ〜」などメンヘラ発言しましょう。「大丈夫？」といわれることを恐れないでください

★ 自分の弱さ、怠けたい自分、未熟な自分を許すアファーメーションを帰宅したらしましょう
「私は●●ができないことが、魅力の一つと知る準備ができています」
「私は、どんな自分の側面もまるごと愛す準備ができています」
「どんな過去も、私はすべての人に受けいれられることを知っています」
「私は、どんな自分も受けいれる準備ができています」

★ 心を許せるとかんじる人に、自分のなかにある「さみしさ」「不安」な気持ちを、伝えて聞いてもらいましょう。迷惑をかけてはいけない、甘えてはいけないと思いやすい人は、特に伝えてみましょう

★ 自宅に帰ってきたら深い深呼吸をしましょう。鼻から息をいっぱいに吸って、口から息を完全に吐ききります、

これを 5 回くりかえします

★ 自宅に帰ってきたら、一人でできることはすべて気分を
大切にして選び、行動しましょう

1 週間にいくつできましたか？最低 3 回でもできるのが理想
です
⇨「　　　個」
具体的にしたことを書きだしてみましょう

1 か月でいくつできましたか？ 12 回はできていることが理
想です
⇨「　　　個」
1 か月後の自分の心の変化があれば書いてみてください

月意識を活性すると何が得られるのか？
「おさらい」をします

月意識とは母性的なあたたかさに関係があり、哺乳類動物が
はじめからもっている保護本能や、「感情の基礎」となる、ぬ
くもり的な印象を受けとることに関係があります。

私たちは大人になるにしたがい、仕事をとおして社会貢献することや目的達成していくことに、やりがいや充実感をかんじますが、目的達成と仕事だけが中心と考える、心を軽視した生活をつづけていくと、「何のために生きているのか？何のための仕事なのか？」次第にわからなくなり無気力になっていくことがあります。

　このような状態となり、英気が枯渇しないためにも、ワークをとおして「心の休息」や「心のお風呂」となる、月とつながる時間を生活にふやすことで、母なる生命の根源的エネルギーにふれ、気力をチャージし、回復させることができます。

　これまでの日本は経済成長に重きをおく価値観から「気持ち」や「感情」を軽んじる傾向があり、特に男性は幼少期に月（気持ち、感情）に関して「男の子は泣いてはダメ」などの教育からも、感情的なものを豊かにしづらく「強くあること」だけが理想的な男性像というような信念体系となっていました。
　ですが人間はロボットではないので性別に関係なく心理的な潤いがあるからこそ、それらが栄養となり「明日も頑張ろう！」と人生にたいして気力がわいてくるものです。
　誰もが、疲れたときには「月に帰る」ことで「気のチャージ」ができるのです。

水星を活性させる（8歳から15歳）

Mercury

　水星意識は少年のような好奇心で、あらゆることに「興味をもつ」ことに関係があります。

　水星意識は外部との接触をきっかけに、みてふれたものにたいして知的好奇心が活発となり、言葉や情報をとおして、知性や、思考力を開発します。

　学童期にはいると、水星意識は、知りたい衝動から「なぜ？」「どうして？」と理解ができるまでは素朴な疑問がうまれたり、不安からの疑問としてわきおこります。そこから体験をとおして知識や情報を得ることで「細部まで理解しながら処理する能力」が育っていきます。

　ですが、水星意識が未開発になると、外部との接点をもったときに起こる「なぜ？」「どうして？」などの、好奇心や疑問にたいして「わからないまま」放置する無自覚な癖がつくかもしれません。

　人間が「知りたい」「理解したい」などの興味や、知的な意欲が薄れていけば「自分で発見する」「理解する楽しさ」を味わえなくなるので、周囲で起こることにたいし無関心となり、ものご

とが面白くもなんともない色あせた世界にみえるかもしれません。

　水星意識は、興味をむけたものを「知りたい欲求」が原動力となり、それらを満たすために、話す、問いかける、伝えるなどをしながらコミュニュケーション能力が発達していきます。

　水星意識が不活性なままにしていると「人生にわからないこと」が増えていきます。
　それは、知らないことや処理できない場面が、人生のなかに増えるので、わからないことを「知ろう」と楽しむよりも「わからないもの＝怖い」とかんじるようになるでしょう。
　そのまま大人になると新しい経験や、理解できないものにたいし、過敏に反応し、神経的なストレスが強くなることもでてきます。「わからない」を放置したままになると、知的な安心感がえられないために、知的なコンプレックスをかんじやすく、「いつも自分の考えは間違っているのではないか？」と、人生のあらゆる場面で、自分の判断のしかたや考えに確信がもてなくなります。

　ですが、ワークをとおして水星意識を開発していくと「コミュニュケーションする楽しさ」「言葉で共有できる豊かさ」「興味をもったことを理解できるおもしろさ」が増えることになります。
　自分の好奇心を満たすために、人とコミュケーションするこ

と、知りたいことを人から教えてもらえること、自分で調べて理解できることが楽しくなれば、人との交流にたいしても、新たな価値や意味を見出せます。

水星を活性させるワーク

あなたの好奇心を太らせていきましょう。

興味をむけたことを体験しながら理解できることは、あなたの人生を支えてくれる知的財産となり心強いパートナーとなります。

また興味がわく、興味をもてることは「若さ」のシンボルです。人は何歳になっても好奇心を活性させることができますし、好奇心にあふれている人は何歳になってもどこか若々しさがあるものです。

> →気になる場所、人、本、講座、習い事、歴史など
> 　興味あることの体験をしにいく
>
> →聞きたいこと、知りたいことがあれば「○○について、教えてもらえますか」と聞く
>
> →考えていること、伝えたい想いをラインや言葉で伝えてみる
>
> →勉強したいことや調べたいことは「いつか」ではなく、すぐにやるようにする
>
> → SNS や日記に「経験したこと」を記録する、情報発信する

> →理解できていないことを放置したままにせず、「理解」
> できるまで相手に聞く、質問する、調べる、考える

水星を活性させるスケジュール

　毎日、または、1週間に一度でも水星を活性する時間をつくりましょう。水星を活性しはじめると細やかな処理能力があがるので「具体的に何をしたらいいのか」を、わかる力が身につき精神的な安定にもつながります。

水星の使いかたの例

★ 好きな人などに「疑問」や「興味」があれば「なぜ○○と思ったの？」「今、何してるかな？」「私は○○と思うの」など知りたいことや伝えたいことを伝える

★ 「面倒くさい」と後まわしにしていることをリストに書きだし、1週間に1つ簡単なものからこなしていく

★ 「教えてください」「知りたいです」「つまり●●ですか」と問いかける。曖昧な意思表示ではなく、具体的に要件をハッキリ伝える

★ 気になること、調べたいものへの興味を許可する。本を
　買う、分析する、情報収集する「何の意味があるのか？」
　人に証明や理解してもらうを、しなくてよい

★ 1日、1回　相手に興味をもって質問をする。「どこから来
　たの？」「それ、どこで買ったの？」「○○がなぜ、好きなの？」
　など、あなたが興味をもてることを質問しましょう

★ 疑問にたいして、すぐに誰かに「答え」を求めてしまう
　場合、まず、何がわからないのか？自分で考え、自分で
　調べる癖をつける

★ 難しい、わからないと「理解する」ことを諦めてしまっ
　たものを、再度、研究してみましょう

★ 興味のある情報収集の欲を満たしましょう。例えば「同
　じジャンルの本で気になるものがあれば3冊買って読む」
　ようにします

★ 人との会話で自分が話すとき10秒以内を意識して会話し
　ましょう。端的に要点を絞ることで、双方の会話が弾み
　やすくなります

★人と話すとき興味の方向を「自分のこと4割、相手6割」
　で話す練習を毎日する

　1週間にいくつできましたか？最低1回でもできるのが理想
です
　⇨「　　個」
　具体的にしたことを書きだしてみましょう

　1か月でいくつできましたか？4回はできていることが理想
です
　⇨「　　個」
　1か月後の自分の心の変化があれば書いてみてください

水星意識を活性すると何が得られるのか？ 「おさらい」をします

　水星意識は知性に関連する豊かさです。それは、少年のよう
なピュアな好奇心で「面白そう」と興味がむくワクワク感です。

　私たちは大人になるにしたがって、ピュアな興味や好奇心を
楽しむよりも、物質的豊かさにすぐに直結する、生産性の高そ
うなものだけに価値をおき、時間がかかることはしない、無駄

なことはしない、意味がなさそうなことはしないなどと、興味の方向が制限的になりがちです。

ですが生産性や合理性だけを追求したコスパ重視の「知性」の方向は、興味の寿命が短くなりやすく、集中力がつづかない、長続きしない、すぐに飽きる、となりやすいものです。また、無駄を省いた知性は、多角的にものごとを分析しながら、細部まで理解する意味も失って、ファーストフード的な内容の知性にむかうことになります。

例えば、ことわざにある「一を聞いて十を知る」など、物事や文章の背後に隠れているスケールの大きさや、奥深い情報に、気づくことは難しくなるでしょう。

水星意識は細部まで「処理できる喜び」「気づく楽しさ」といってもいいので、興味を持ったことを調べたり、分析すること、コミュニュケーションをとおして理解の幅が広がると、仕事や生活面で、奥深さのともなった「処理能力やコミュニケーションのスキル」があがっていきます。

また水星はカラダの機能では神経に関係することから、学童期の好奇心からくる「なぜ？どうして？」の純粋な疑問を解消しづらい環境や、「忙しいから」と回答してくれない、面倒くさそうにする大人たちに囲まれていた場合には、無自覚に「人

に聞いてはいけない」「迷惑をかけてはいけない」とする信念体系を抱えた大人になりやすくなります。

　その場合、人に気を使い、リラックスしながら人と交流するイメージがもちづらく、また「迷惑をかけてはいけない」とする制限があると、わからないことを人に聞くことも「ためらい」がでてきます。

　理解への探求に遠慮があると、人生のなかに「わからないこと」がふえ、外部との接点や、人との交流に「漠然」と疑いをもつ、繊細な印象をあたえることもあります。

　ですが、水星ワークをとおして「人に聞く」「言葉にする」を小さなことからチャレンジすると、人との交流への緊張もゆるみ癒されていきます。水星意識は「理解する」ことや「工夫する」知性に関係しますから、水星意識が乏しいまま成人になると、仕事や恋愛のステージで、自分で考えて判断しなければいけないときに、何をもって判断をしたらいいのか中心がわからなくなります。すると、答えをだすことに、常に不安をかんじるので、判断基準となるものを外に探すようになり、人の情報や、誰かの考えや、常識に依存する、大人にむかっていきます。

　ですが一方で、理解できないものに不安をかんじるのは当然です。ワークをとおして興味があるものや、わからなかったことが、理解に辿りつき「わかる楽しさ」「わかる面白さ」へと変換させていきましょう。

金星を活性させる（16歳から25歳）

Venus

　金星意識を活性させていくと、自分のなかの女性性や感受性が活性しはじめます。それは男女に関係なく「受けとる力」であり、かんじる力の開発です。

　金星意識が担当するものは喜び、愛情、幸福感など個人生活に直結した「豊かさ」全般に関係があります。

　例えば、何をしていても楽しくない、喜びをかんじる瞬間が少ないといったときに、金星意識を活性させていくと、生活のなかで自分を満たす方法がわかり「喜び」を受けとるお皿のサイズが大きくなります。

　また、金星は愛情にも関係していることから男性の金星意識が不活性の場合、女性との接点づくりが難しくなることや、女性の場合には「相手に満たしてほしい」となりやすくなるものです。

　ですが、まず大切なのは「一人で自分を満たす」「一人で味わう豊かさ」を開発するということです。

　金星意識を開発していくと「喜びを磁力」とした引き寄せ力があがっていくため、喜びを軸とした豊かさの発展や循環がはじまります。

金星を活性させるワーク

五感から受け取る情報を味わい楽しみましょう。それは聴く、香る、味わう、奏でる、食べる、触る、見る、歌う、踊る、表現する……などです。

何をすれば「気分があがる」「楽しそう」とかんじますか？簡単にできることから、すぐにはじめてみましょう。

→好きな音楽、映画、コンサート動画などを観賞して喜びに浸る時間をつくる

→嬉しい、楽しい、好き、素敵、可愛い……など喜びを表現しましょう

→恥ずかしい、可愛い、美しい……と思っている色やデザインの服をすぐにとりいれる

→１日の終わりに好きな香りや、食べたいものを堪能する時間をもつ（香水、シャンプー、アロマオイル、紅茶、コーヒー、ペットの香り、ご褒美フードを食べる）

→マッサージ、アロマトリートメント、ヘッドスパなどを自分にプレゼントする

→美しさにふれる時間、心が華やかになることをとりいれる（お花を飾る、胸がときめく物を買う、美しい時間や場所を散歩、旅行、美術館、コンサート）

金星を活性させるスケジュール

　最低でも1週間に2日、「自分へのご褒美」をあげましょう。

　例えば「月曜日と金曜日」は自分にご褒美をあげる日と設定します。

金星の使いかたの例

★ 100円と300円のスイーツがコンビニにあり、300円に惹かれているなら「安い＝得＝豊か」ではなく、心が華やぐほうを選ぶ

★ 疲れているとき、心の癒しを優先する。例えば、家事で「やらなきゃ」と、していることに「明日でもいいか」と自分に優しく甘くしましょう。ルールを重んじるより、今、心が明るくなることを選択します

★ 「嬉しい」「楽しい」「かわいいね」「美味しいね」など、あなたがかんじている豊かさや、喜びを誰かに意識的に表現してみましょう。内側にある豊かさを外に放射する練習です。これは豊かさのエネルギーが循環する土台になります

★ 恥ずかしいもの、ちょっと気後れしそうだけど心が華や

かになる色、デザイン、香りなどどんなかたちでもよいので「美意識」としてファッションやメイクや生活用品にとりいれます

★ 五感的喜びの「欲」を許可しましょう。糖質カットやダイエットに厳しすぎるなら二日だけ甘いものをとる。没入したい音楽や、芸術、ファッション、異性や同性に対し「こんなことしてはいけない」ではなく、思う存分見てかんじて堪能しましょう

★ 恋愛やセックスやお金に関心があることを恥としているなら許可しましょう。五感を通した物質的豊かさ、ふれあう喜びは、地球の人間が味わえる「特別な喜び」です。恋愛アプリをはじめる、誰かとデートする、手をつなぐ、抱きあう、キスする、セックスする、褒めてもらう、お金の勉強をする

★ SNSのプロフィールにカラダや姿をのせてみましょう。またInstagramなどしている場合は自分の一部分「手、唇、カラダの曲線、足、ヘアスタイル、声」など、あなたの肉体がもっているものをのせてみましょう

★ 自分の好き、買ったもの、ハマっていることをインスタのストーリーズなどにのせてみましょう。(24時間で消えます) 好きな洋服、好きな食べ物、好きな場所、好きな音楽、好きな本、美しいとかんじた景色、一目ぼれ買い、など「ときめき」を気軽に投稿しましょう

★ ○○ができたらコレをする。自分へのドMルールがあるか確認します。「コレでいいか」になっていませんか?「コレがいいの♪」にしていきましょう。何かをえらぶとき、「心がときめくほうは?」と丁寧に問いかけて行動します。ここで志はいりません

★ 人とのコミュニケーションに感情表現をいれましょう。絵文字、ハート、♪の引用、LINEのスタンプで「好き」「楽しかった」「嬉しい」もそえてみましょう。ありがとうは個人の感情として伝わりにくいので、ここでは×です

★「私は自分に相応しい愛と物質的豊かさを受けとる準備ができています」「私は宇宙からの愛と喜びを受けとることに値しています」などのアファーメーションしましょう

★ 誰かに会うときに、いつもお土産や、プレゼントを用意

しないと、落ち着かない傾向があるなら、勇気をもって「手ぶらの日」を実践してみましょう

1週間にいくつできましたか？最低2回できていることが理想です
　⇨「　　　個」
具体的にしたことを書きだしてみましょう

1か月でいくつできましたか？8回はできていることが理想です
　⇨「　　　個」
具体的にしたことを書きだしてみましょう

金星を活性していくことで何が得られるのか「おさらい」をします

金星意識が不活性のとき「豊かさ」の受けとりかたが貧しくなり制限的になるものです。

そのようなときには「○○しないと楽しんではいけない」「条件がそろわないと受けとってはいけない」と単純に「受けとる」ことには罪悪感や制限をかけて、抵抗をします。このような状態で恋愛をすると「何かを与えないと、私は愛されない」「何かを

しないと私は受けとる価値がない」となりやすいものですが、ワークをとおして金星を活性すると「愛」や「喜び」を無償で受けとることが可能となり、自己犠牲的な恋愛や、制限的な愛の世界からぬける準備がととのいます。

　金星意識をとおして五感的な心地よさ、甘美な時間を許可できるようになると、生活全体に華やかさと豊かさとが戻ってきます。私たちが何に満たされ、何に喜びをかんじるのか実感をとおして教えてくれるのは金星です。

　五感につながった「あなただけ」の楽しさと喜びに導いてくれるのが金星ですから、金星が「貧しい」状態を放置していると、自分が何を好きで嫌いなのか、自分のことがわからなくなり「自分なりの価値観」をもつことが疎かになります。
「自分なりの価値観」をもつことができなくなると、恋愛や人生にたいして、何をすれば満たされるのかわからずに途方に暮れてしまうことや、自己価値にたいしても、判断基準がどこか曖昧になるので、自己肯定感にも影響がでてきます。

「自分なりの価値観」が育まれるまでは、親や社会や友達の「価値観」などの影響をうけながら欲望がうまれますが、このプロセスをとおして「自分は、どうかんじているのか?」吟味することが大切なのです。

　金星は感性に関係する天体なので「自分にとってどうかんじ

ているのか？」を味わう時間が浅くなると美意識や感性が粗くなっていきます。すると、いつも誰かの情報や伝統などに自分を同一化させながら「偽りの欲望」のなかで、恋愛も人生も満たそうとしますが、それをしている間は、真に満たされることはありません。

　また、金星意識が「怠慢」になっているときには不足感を恋愛相手に「満たしてほしい」と求めますが「偽りの欲望」を採用しているときには何を与えても満たされず不満を言いつづけることもあるので、男性を無力化させたり別れを告げられるケースもあります。

　また私は、スピリチュアルにハマる女性の相談も聞いてきましたが、金星が禁欲的とかんじることがあります。愛の創造性が「悟り」にむかうときには崇高な愛や、理想的な愛を追い求めるので、崇高な愛を目指しているときには「恋愛」「セックス」「個人の趣味」「お金を稼ぐ」など、人間的な欲望や、物質的豊かさを軽んじるか良くないものとし、神や地球のために「自分を捧げなければ」と極端な雰囲気になっていることがあるのです。
　思考と感情とカラダが統合化されていない状態で「崇高な愛」を生きようとしても、やはりそれはバランスが悪く、どこかに無理が生じてくるので、実生活のなかでは愛や喜びをかんじる

瞬間は少なくなります。

　禁欲的になってしまっているならぜひ、思いだしてほしいのが、私たちは魂だったころ、「自分の意志」で地球を選び、今世において肉体をとおして経験してみたいことがあるということです。地球に対応することで、もたらしたエゴの信念体系によって、金星の豊かさを軽んじてしまうようになると何をやっても「偽りの喜び」のなかで空虚感が消えません。禁欲的な女性たちに「喜び」を許可するサポートをしてきましたが「恋愛」「快楽」「欲望」「お金」にたいして、どこか嫌悪感をもっていた女性たちが「五感的豊かさ」を地球で味わうことを楽しみはじめると、禁欲的でなければいけないとしていた、信念体系の呪縛から解放されて、人生全体が明るくなり、魅力的なオーラが広がりだします。

　金星を輝かせるということは、それは「自分を愛する責任」として当然に大切である天体となります。

　自分の「喜び」「楽しさ」は親や学校や恋人が教えることができません。金星を軽んじてしまうと自分に相応しい豊かさの基準が、わからなくなってしまいます。ぜひ、ワークをとおして金星力を潤わせ、輝かせていくことを自らおこないましょう。

　金星は「引き寄せ」に関係しますが、宇宙には「受けとる与えるの法則」があります。あなたが喜びを受けとるだけで、周

囲に喜びを与え、あなたを起点に「受け取る与えるの法則」が
働きはじめます。

　それは思考だけではなくカラダ丸ごと「喜び」の状態になっ
ているときにおこる金星の「引き寄せる」磁力なのです。

太陽を活性させる（26歳から35歳）

Sun

　太陽意識は自分の創造性や、魂が進化していく方向がみえてきます。

　全惑星意識の太陽とは努力して掴む方向であり、月意識からはじまった受動的な人生から、能動的に「輝こう」と舵をきることで、開発される意識です。

　太陽意識を活性させると意図、積極性、創造性、人生の目標など、いまだみぬ可能性にむかってクリエイションしようとする力が漲りはじめます。

　太陽意識が不活性なときには「やりたいこと」「目標」「願望」などの実現したいイメージがあったとしても困難や問題がおこったときに「創造性（太陽意識）」を使おうとしないままに「できない」「無理」「どうしたらいいかわからない」といったような判断をしやすくなるために、あらゆる人生の場面で「能動的になる意味」をみつけにくくなります。

　その場合、希望や願望など「むかいたい方向」にたいし、切り拓く創造の火（クリエイティビティ）を自分の思考で打ち消

し、あらゆることに「どうせ無理」と諦めやすい人生観や、思考癖となります。それらが意味することは「希望的な未来」を創造していく力を眠らせ、起こさないことでもあるので、自分の可能性を信頼しにくくなります。

　ワークをとおして太陽意識が目覚めていくことをもたらし、願望にむかって「創造の火」を灯しつづけることが、可能になるようにしましょう。それはくりかえしになりますが月意識からはじまって金星意識までの受動的な生きかたや、外に期待しながら生きるありかたではなく、自ら切り拓いていく積極的な、意識の目覚めです。
　太陽は太陽系のなかで唯一の恒星であることからも「自立的な熱源で輝く」意味がふくまれています。

　また、太陽意識を活性させるメリットは「持続可能な熱源」とのパイプが太くなるため、問題や困難に出あっても、諦めることなく「願望実現」できる可能性が高くなります。それは受動的な人生のなかでは味わうことのなかった高振動にアクセスする意識となるので、すべてのプロセスに充実感や「魂が震えるような歓喜」につながっていくのです。

　ですが、太陽意識がはじめから育っている人は誰もいないの

で、太陽意識が活性されるまでは、太陽の役割を、環境のなか
で他者に投影をしながら、熱源を享受します。そのなかで自分
の人生の進む方向を模索しながら、バランスをとっていくよう
にイメージしてください。

　また、旧いパラダイムの占星術では太陽は男性天体であり、
女性の出生図では父親や夫を太陽に投影するとされてきまし
た。ですが、それは女性の自立や、自己実現がむずかしい時代
のころに、女性自身の太陽を「夫」に投影するのが普通だった
からです。
　ですが、現代の日本は男女関係なくすべての人に「自らの太
陽を輝かせる」チャンスがあり、過去に当然だった「太陽」を
夫や男性に投影するスタイルでいる必要はなく、新たな結婚観
やパートナーシップのかたちがうまれていかなくてはなりませ
ん。

太陽を活性させるワーク

　ここでは創造の熱源とのパイプが太くなることを活性させて
いきましょう。
　私たちは何か「やりたいこと」があったとしても、日々、誘
惑や問題とかんじることが起こるものです。

ですが予定どおりにいかないときに「創造の熱源」とつながることで、問題や時間のロスなど、ネガティブにみえるようなことが起こっても、諦めることなく「目標達成する力がある」ことを自覚できるようになります。それは「目標」にむかってトライ＆エラーを「楽しむ」意識として開発されます。

→「いつか、やりたい」と思っている夢や実現したいことをすべて書きだしてみる

→恥ずかしいと思っていることを書きだし、何を望むのか知りましょう

→憧れている人、尊敬する人に会いにいく、会えないときはその人の考えや映像にふれる

→他者を巻き込んだ「面白そうな企画」を提案する

→誰かに「サプライズ」をする

→怖いけど、勇気ができたらしてみたいと思うことを書きだす

太陽を活性させるスケジュール

太陽意識はまずは1か月、そして1年をかけて「創造の火」を灯しつづける恒常性を保つ練習をします。太陽を灯しはじめ

ると雨風がふいても「トライ＆エラー」を楽しめるセンスが
あがっていき、ネガティブにみえる場面でもポジティブに対処
する「軌道修正力」が育ちます

太陽の使いかたの例

★ 1か月後に1キロダイエットすると決めて、朝と夜に毎日、
体重をはかりノートに書きつづける

★「1年後○○したい」と決めたら、時間ができたらする、
お金ができたらするではなく、未来を創造するために「今、
やりたいこと」にエネルギー投資を始める

★「明日、何をする」を1日の終わりに書きだす。「挨拶を
する」「ゴミを出す」「まっすぐ帰る」「早起き」など簡単
なことを一つ決めて、少し努力が必要だけど「やりたい」
と思っていることを1か月やりとおしてみる

★ 1か月に一度、誰かにサプライズのプレゼントをしましょ
う。お菓子をあげる、メッセージカードを贈る、お土産
をわたす、料理をもてなす、など「相手が喜ぶ顔」を想
像しながら、サプライズするワクワク感を自分のために
楽しみましょう

★ 1年に一度、人を巻きこんだ「企画」をしましょう。「友達を誘い気になるレストランに行く」「気になる場所に旅行する」「イベントをする」「ホームパーティを企画する」他者をまきこみながら、リーダーシップを発揮して実行しましょう

★ 1年後に一つ「どうなりたいですか？」の答えを携帯の待ち受けや、部屋にはっておきます。そして、それに必要な12の要素や行動指針を書きだし、1か月ごとに取り組みましょう

★ 1か月「○○する！」が思い当たらない場合は、1か月「○○しない！」を決めてみましょう

★ あなたの太陽星座を調べて、太陽星座「○○座」に関連するキーワードを一つ、意識的に1か月間、一つ取り組みましょう

★ 怖い、憧れ、羨ましい、恥ずかしい、ことを書きだしてみましょう。そのなかでできそうなことを一つだけ、1か月間つづけてみましょう

★ 月はじめに「今月やりたいリスト3」「今月やらないリスト3」を書きだします。達成したら塗りつぶし、達成できてないものは翌月にもちこしましょう

「明日、やること」を1週間にいくつできましたか？
⇨「　　　個」

1か月後にやりたいことの目標はできましたか？
⇨できた　（できた自分の気持ちを書いてみましょう）
⇨できなかった　（できなかった理由を書いてみましょう）

太陽意識を活性すると何が得られるのか？「おさらい」をします

太陽意識は「やりたいこと」にむかって自発的にチャレンジしていく創造力が開発されます。太陽とは「自分の生きる意味」を自分なりに見出すまでトライ＆エラーしながら「創造の火」を起こしつづけ、それが点火されると「充実感のある人生」がはじまります。

太陽意識は、積極的な創造意志なので、素のままの自分で、楽に簡単に育つような意識ではありませんから、馴染むまでは、

大変にかんじるかもしれません。

　ですが、太陽意識を育てていくと過去にできなかったことがだんだんとできるようになり、障害があっても乗り超えることが可能だとわかる、そのプロセスが実感となり「自信」につながります。

　また、太陽意識とは男女関係なく心身が疲弊している際には、熱源が乏しくなり創造性を発揮しつづけることが一時的に難しくなることも知っていてください。

　太陽意識とは、自ら積極的に切り拓くエネルギーのためハイカロリーがいるものです。心身があまりにも疲弊しているときには「やりたい目標」があっても心身がついていけない重たいときがでてきます。

　その際には「できなかった」と自分を責めたくなる人もいるかもしれませんが、そのように解釈するのではなく「心身がエネルギー不足だったから、しかたない」とする認識に変えましょう。その場合には、一時的に太陽はおやすみし、月のお風呂を大切にするほうが、今、必要なことです。

　そして、心身の充電が十分になれば、ワークをとおして「やりたいことができる感覚」も、徐々にもどっていきます。

太陽とは太陽系の中心であり自ら輝く唯一の「恒星」です。

　それは自分の熱源で自ら輝こうとするエネルギーですから、外部に期待する生きかた、外に答えを探す生き方ではなくなり、自分の意思で決断してオリジナルの人生を創りあげようとする「創造主の意識」の目覚めとなります。

　それは一人、一人の出生図に描かれている全惑星意識の太陽に近づいていくことであり、成長しながら思いだす、高次の自分の姿ともいえるでしょう。

　太陽意識が開発中のときには、太陽の役割を誰かに担ってもらうことでバランスをとることになりますが、ワークをとおして太陽意識が「輝きはじめる」と、どんな環境や状況がやってきても、不安や心配から「できない」とする迷いが減ります。例え、迷いや不安におそわれても「どうやったら、できるのかな？」と、希望を失わずに、考えを軌道修正し「意図を創造する」情熱の火を「燃やしつづける」ことができるようになります。

火星を活性させる（36 歳から 45 歳）

Mars

　火星意識を活性させていくと、自分のなかの男性性や主張する力が開発されていきます。これは男女関係なく、恋愛や人生でやりたいことにむかって限界を「打破する力」「ゲットする力」を身につけることができます。女性の場合、火星は好きになる男性のタイプや、男性との接点に関係があるので火星意識が不活性だと、恋愛の場面で防衛心だけが強くなり、男性との縁や接点をつくることが難しい場合もあります。

　また、火星意識が目覚めていないときには、生活のあらゆる場面で突破していく力が弱くなるので、想いや意見があっても、外に主張していくことが難しくかんじ、内側にある「情熱」を解放させることに抵抗をかんじます。内なる想いや情熱がカラダから解放されず、肉体のなかでこもりつづけると、精神的にイラつき、悶々としてくることもあるでしょう。すると、滞ったエネルギーをデトックスしてスッキリさせたくなるので、小さなきっかけを引き金にしてエネルギーを発散させようとするのです。火星のエネルギーの解放のしかたが、上手に使うことができない間は、衝動的な「怒り」「攻撃性」など強く激しい

かたちとなって放出することや、ときには、頭痛、皮膚疾患、性衝動として表面化することもあります。

　現代の日本の特徴としては、全般的に火星が担当する「情熱」や「エネルギー」の扱いかたがわからなくなり、火星の使いかたを思いだせずに彷徨っている状態といえます。例えば、人と対峙したときに「率直な意見」や「情熱的に話す」などのエネルギーをかけてもらうと、怒っている、怖い人、攻撃された、などの反応となりやすく「情熱と怒り」「議論と喧嘩」の境界線の違いとして感情をコントロールできないなどとなり、火星に関連するすべてのことを「否定的」に判断してしまいます。それは、火星意識の扱いかたが洗練されていないときにおこりやすいものです。

　このようになった日本社会の背景は敗戦後の教育、外交のなかで、日本全体が志のある情熱の使いかたがわからなくなり本質を見失った「大人しい魂」になってしまったのかもしれません。ですが、もともと日本は「神輿」や「祭り」根性のある文化なので細胞レベルでは健やかなかたちでのエネルギーの発散のしかた、解放の仕方という、情熱やエネルギーの扱いかたや昇華のしかたを文化的に知っているのです。

現代の社会は、火星の熱いエネルギーを「抑圧する」ことに意識がむいているかんじがありますが、火星のエネルギーを、今の時代にあったかたちでうまく扱うことができるようになると、全体性を見失わずに、目的にむかえる「勇敢な騎士(ナイト)」として働かせることができます。それは、ものごとを推しすすめる際に、愛をもって突破していく、潔さ、包容力が伴っているので「たのもしい、お兄ちゃん」のような天体として働いてくれます。それはエゴが暴走した、暴力的な決断や行為にはならず、愛にむかった勇敢な判断と行動です。

火星を活性するワーク

　火星の突破力、主張する力を開発させていきましょう。火星を活性させていくと、自分の尊厳を守りながら、推進させる「勇気」の使いかたがわかるため、ゲット力があがっていきます。
　また、女性にとっての火星は男性との接点や、恋愛の発展にも関係してきます。

> →試着後に、店員さんに薦められても要らないときは「やめときます」「考えてみます」と断る
>
> →上司や、友人や、男性からの誘いに気乗りがしてないときは「断る」

→相手のペースで何かを押しきられそうになったら「嫌」です「やめてください」と主張する

→相手に遠慮していえないことがあれば、「自分の意思」を知ってもらう機会として意見を伝える

→セクシーだけど恥ずかしいと思っているものや、大胆で派手と思っていることをとりいれる

→ジムに行く、走る、運動する、サウナに行く……など、発汗やカラダを動かす運動による呼吸で身体をととのえる

火星を活性させるスケジュール

1週間に一度でもよいので「主張」する機会や、内側にあるエネルギーを外に「射出する」練習をします。これらのプロセスをとおして「心身を浄化」し、やりたいことをスッキリしたかたちで突破できることが可能になります。

火星の使いかたの例

★ 週に一度、ジムで「汗をかく」時間や、カラダを動かす時間をつくる。運動が苦手な人は、岩盤浴や自宅で半身浴などでも良い

★ 人の誘いや、お店の接客など、あらゆる関係のなかで同意できないまま相手のペースに巻きこまれているときは、勇気をもって「断る」ことや「待ってください」と伝えてみましょう

★ 周囲に伝えたいことは「○○してほしい」ではなく「私は○○したいです」「私は○○します」「○○してくれる？」と、目的にたいして積極性を意識した伝えかたにかえてみる

★ 理不尽な対応に怒りをかんじたときに「今の言いかたは失礼じゃないですか？」「私は納得できません」と自分を守るために、自分の意見を主張しましょう。また、行動が難しいときには、怒りやフラストレーションをノートに書きだし、相手を非難し、怒りを放出しましょう。ノートが残るのが怖いときは破り捨てたり、燃やしたりします

★ 一時的に集中しながら動きが必要になる瞑想法や遊びをしてみる（ずっと同じ動き、リズムをとる、掃除する、演奏、集中する瞑想）

★ 一人カラオケで思いきり歌う、ランニングで走る、ゲー

ムやボクササイズで敵を攻撃しまくる

★ 相手を３秒みつめる、相手の目をみて話す、自分から声をかけ誘う、自分から挨拶する、自分から連絡する、告白する

★ 自宅で簡単にできる「運動、半身浴、何かの練習」をする。少し頑張ればできる回数や時間を設定して無理なく継続する

★ 怒りやストレスを聞いてもらえる人がいたら思う存分、聞いてもらいましょう。また、誰もいない自然のなかや海にむかって「〇〇のバカー！むかつくー！」と人じゃないものにエネルギーを解放させるのも非常に効果的です。これらは、自分のやりたいことができてないことを確認できる感情でもあるので止めるのではなく吐きだしつづけることでスッキリします

★ 負けてもいい、ではなく「勝ち」にこだわりましょう。昨日の自分に勝つまでは「やめない」、または、ゲームで相手に勝つまで「やめない」勝つことにこだわってみましょう。ババ抜きでも、じゃんけんでも、なんでもいい

のです。勝って終わることを味わいましょう

★ 疲れていたり集中したいのに、相手が話つづけてきたり、LINE しつづけたら「ちょっと疲れているから明日にしてくれる？」「今日は疲れているから寝るね」「疲れているから端的に話してくれる？」などと伝える

1週間に1つできていたら理想です
⇨「　　　個」
具体的にしたことを書きだしてみましょう

1か月でいくつできましたか？ 3回〜4回できていることが理想です
⇨「　　　個」
具体的にしたことを書きだしてみましょう

火星を活性すると何が得られるのか？「おさらい」をします

火星意識が不活性のとき「目的にむかって、自分を守りながら突破する」ことが難しくなるため、欲望にたいするエネルギーが昇華されず心身にフラストレーションが溜まります。それは、

風船がパンパンに膨らみつづけるようなイメージです。私たち個人が、火星のエネルギーを解放する術に意識をむけず「抑圧していく」方向や「見ないようにする」と、火星のエネルギーは「消えてなくなったわけではない」ので外側から抑えこむだけでは、カラダも心も、緊張がつづき「負担」にしかなりません。抑えることや、みないようにする「やりかた」では、必ず失敗するというか、どこかで乱暴なかたちとなって、表面化してしまうかわかりません。

　例えば、強い怒り、暴力、ヒステリー、目的を失った攻撃性のようなかたちとなるのです。ですが、火星は本来「やりたいこと」にむかうときに、純粋にまっすぐに目的にむかっていける「魂の騎士」であり「精鋭部隊」みたいなものですから、本来、頼もしい存在なのです。

　私たちが生活のなかで「なんとなく」火星のエネルギーを良くないものとして「ださない」「抑える」だけに意識してしまうと、放出するチャンスがやってきたときには、バランスをとろうとするので抑え込みが強ければ、その分、反動で吐きだすときには「とめどない」状態で放出するので「暴れすぎる」「やりすぎる」「言い過ぎる」ということになってしまいます。それは、普段、練習不足であれば誰もが「扱いかた」や「さじ加減」がわからなくなるのは当然といえば、当然なのです。

また女性の火星が不活性なときには、外からの影響をきっかけに「火星を使わなくてはならない事態」が起こるケースもあります。それはときにストーカー、パワハラ、モラハラ、暴力、虐めなど、深刻なことに巻きこまれることもあるかもしれません。火星の「勇敢さ」や「防衛力」は、自分に関係がないと排除してしまうと、宇宙はバランスをとるために、危機的な状況がやってきて、状況がやってくることで「自分を守る」後天的な火星の使いかたになっていくこともあります。また、スピリチュアルが好きな女性をカウンセリングしていると「火星全般」にたいして肯定的な意味を見出せず、それにより、恋愛の発展がむずかしくなってしまうことや、また、個人の目的にむかって「主張」すること自体を「良くない」としてしまっている傾向をみることがあります。

　ですが、そのような受け身な状態でいてしまうと、予期せぬかたちで状況がやってきて、「しかたなく」火星を使うことになる展開では、トラウマとして記憶に残ってしまうこともでてきます。
　そのような後天的なかたちで火星を使っていく展開を、女性には「避けていただきたい」と願い、そのようなことに巻きこまれないためにも、日常のなかで自分を自分で守れるように火星を意識的に使う練習をすることが、とても大切なのです。私自身、

男性の性的な暴力性に巻き込まれた体験者なので、何か女性たちに伝わるものがあればと思っています。

　また、火星は「騎士」の役割をしてくれるのは確かですが、受け身なかたちだと、防衛心だけが強くはたらく騎士となることもあります。すると、一歩も外にでようとしない鎖国状態となるので「目的」にむかってチャレンジする熱量が弱くなります。

　例えば、地球からロケットを惑星に打ち上げるとき、ロケットが（火星）とします。ほかの惑星にむかうのが目的なら、地球の重力にさからい、大気圏の殻を突き破らなければいけません。それは、地球の重たさに抵抗をかんじながらでも「一時的」に集中して、エネルギーの火を燃やさなければロケットは大気圏を打破できません。このように火星のことを、積極的にあつかいはじめると「魂の意図」にむかって一歩、踏みだす、殻を破る、「やりたいこと」にむかって現状から、違う世界へ「あなた」を運んでくれる「頼もしい」天体というわけです。

　女性は、男性との接点は「火星」にあらわれます。恋愛したい目的があったとしても、防衛心だけが強くなると目的を見失い警戒心から、自ら縁を断っていることもあります。ですが、

ワークをとおして火星意識が健全なかたちで機能しはじめると男性との接点や、新規の目的に飛びこんでいくことは怖さではなく、チャレンジする楽しさ、ワクワクの勇気となり「自分を守りながら、目的にむかって突破する」強さとして養われます。女性にとって火星は、恋愛で男性との接点をヘルシーなかたちでつくるためにも重要な天体です、火星を使えるようになると男性とのご縁も広がります。

木星を活性させる（46歳から55歳）

Jupiter

木星意識は「楽観性」や「肯定感」に関係があります。木星意識の背後には「善の意識」が働いており、すべての状況には「ポジティブな側面」があるととらえることができるので、人にたいして「大丈夫だよ」と寛容な態度ができるようになります。

それは、木星意識には「許す」ことの意味を人生のなかで教えてくれる天体であるからです。

火星期までの私たちはエゴを使ってトライ＆エラーをくりかえしながら生きる質をあげていきますが、木星意識が未開発のときには、火星期までの粗削りなエゴの言動や、未熟さ、トライ＆エラーの失敗に対して「悪い」「許さない」「ダメ」という衝動となり、極端な反応になりやすいものです。

ですが、個人は初めから完成度が高い状態では、当然ありません。進化の流れのトライ＆エラーのプロセスのなかで、精神的な成長をとげながら、精神的な豊かさをしるのです。

失敗は「悪である」と決めつけてしまえば、それでは失敗から学び成長できる人の「可能性」や「喜び」の芽を摘みとってしまいます。

木星意識は「良い、悪い」といった四角四面なとらえかたではなく、哲学的な精神のありかたを育てるのです。

また、木星意識が開発されると楽観性がもたらされるので「失敗談はネタである」とするユーモアセンスも身につきます。

このような精神の広がりは人生に笑いと癒しがおとずれるので寛大な雰囲気が社会を明るくし、社会活動の発展を引き寄せやすくなります。

木星を活性させるワーク

木星の寛容さ、楽観性、精神の広がりを開発していきましょう。

木星意識は緊張や集中やストイックさとは反対の性質を担当し、締めつける方向ではなく、緩める、広げる、増やすことに関係があります。

例えば、何か自分一人だけでストイックに頑張るのではなく「人に頼む」「展開に委ねる」など、環境や、ご縁のなかで展開が広がっていくことや、助けあいのなかで拡大させたいものが増えていくことなどに関係があります。

また「寛容さ」は適当なところで良いとする、良い意味での「いい加減さ」「アバウトさ」も養います。

→お笑い番組やコメディタッチの映画やドラマ、喜劇をみて「笑える」時間をつくる

→誰かとの会話に「いいね~」「大丈夫だよ~」と肯定して会話する

→「NO」といわない「否定」しない、すべてのことに「YES」からはじめて「肯定」で終わる

→人から「手伝おうか？」と声をかけてもらったら「お願いできるかな？」と頼る（断らない）

→哲学、古代文明の関連書、宗教、古事記、精神世界など精神の拡大ができそうな本や漫画などロマンにあふれる情報にふれる

→大切な人に「いつもありがとうね」と感謝の言葉を意識的に伝える

木星を活性させるスケジュール

　毎日できるものと、1週間に一度できることを組みあわせ「肯定感」「善の意識」を育てます。

木星の使いかたの例

　★ 毎日、自己肯定日記をつけましょう。1日の終わりにどんな小さなことでもいいので「○○できて、私、偉いね」と自分を認める

★ 誰かに「ありがとう」を伝えるときに、ただ何となく伝えるのではなく笑顔や気持ちをそえて「ありがとうの言葉」を伝える

★ 1週間に一度、両親や友人や恋人に「あのとき、○○をしてくれて助かった」など感謝の意を意識的に LINE や会話で伝えてみましょう

★ 1週間に一度、徳を積む貯金をしましょう。道に落ちているゴミを一つ拾う、募金する、席をゆずる、車の運転で道をゆずる、歩行者を優先させる、誰かに「大丈夫ですか?」と声をかける

★ 哲学や精神世界や宗教などの本を読む

★ 楽観的な人、人望のある人の考えかたにふれてみる

★「私は○○を受け入れ、流しつづける準備ができています」とアファーメーションする

★ 自分の言動でギクシャクしてしまった大切な関係に「ごめんね」「言い過ぎた」「私が悪かった」と自分のために

相手に伝えましょう

★ 本当は許してもいい……とかんじている過去があるなら
「許す」と心に宣言してみてください。許すことで、あな
たが奪われることは一つもありません。そのことにより、
あなた自身が救われ、あなたの豊かさに変わるからです

★ 人との会話で「いいですね」「いいじゃないですか」と肯
定から入り、最後も肯定で終わるようにしましょう

毎日、自分を一つ認めることはできましたか？
⇨ 1週間に 「　　　日」 できた。
1か月に 12 日以上できていると理想です

1週間に一度「誰かに感謝を伝える」ことができましたか？
⇨ 1か月に 「　　　回」
感謝の念がわいた人は誰でしたか？→

木星を活性すると何が得られるのか？
「おさらい」をします

例えば、誰のなかにも「感謝」のエネルギーというものが豊

かさや幸福感に関係すると考ているものですが、では「感謝の念」はどんなときにわくのでしょうか。

感謝の言葉を伝えるのは簡単ですが、感謝の念がわくには、孤立した独りの世界で生きているときや、守られた世界のなかで生きているときには「感謝の念」は育ちにくく、自立した自分で、社会との接点を持ったときに初めて「わかる」気持ちなのです。

例えば「ありがとう」を伝えるときに感謝の気持ちの宿るありがとう、言葉だけで伝える、「ありがとう」には、同じ言葉でも振動が違います。

豊かさや幸福感に「感謝の気持ち」が関係するなら、それらをかんじる場面を増やしたいものです。

では、具体的に感謝の気持ちはどのような場面に芽ばえるのでしょう。

すでに書いてきたように、私たちは全惑星意識の太陽にむかって個人の完成度をあげるためにトライ＆エラーを重ねながら成長し、自分の生きる道を模索しています。私たちは素のままの未熟な状態からはじまり、粗削りで尖ったところを経験のなかで洗練させていくものですが、一人でガムシャラに頑張ろうとしてきた火星期までのエゴの経験のなかには、「恥ずか

しい過去」として、失敗や否定的にしているようなことは誰の
なかにもあるものです。

そんなときに、過去のあなたの経験に対して「色んな経験を
してきているから、今のあなたが素敵なのね」「頑張っていて、
余裕がなかっただけ！しかたないよ」と思いやりのある言葉を
かけてもらったり、また、人に頼らず、精神的に孤立して、行
き詰まっているときに、社会や周囲の友が「大丈夫？」と助け
てくれる体験をしたとき、私たちは一人で生きているのではな
く、社会のなかで助けあって生かされていることを知り「感謝
の気持ち」が初めて「わいてくる」ものです。

誰もが一人で孤立的に考えているときには、自らを追い込ん
で、行き詰まってしまい、過去や状況にたいして肯定的にみる
ことがむずかしくなるものですが、そのようなときに肯定的に
理解してくれる存在や、異なる視点で助けようとしてくれる人
に出会うと、私たちは「自分のことを許す」きっかけをつかみ
「自分は守られていた」と実感することもできます。

人は苦しくなったときに「人の寛容さ」「思いやり」にふれ
ると「一人だけでは生きていないこと」の意味を理解し「生き
とし生けるもののすべてに感謝する」と、万物へのつながりを
実感するかもしれません。

木星意識が活性されていくと迷惑をかけることは好くないとしてきた孤立的な思想から解放され、人に頼ることや、助けあう豊かさがわかり、あらゆる人にたいして明るくて大らかな態度になります。

　そして、ご縁する人が自らの過去を否定しているときには「許す」意味を与え、優しい雰囲気でその人自身を過去から「救う」機会を与えていくことができます。そういった大らかなありかたは、人に慕われ、感謝されることが増えるので幸運がおとずれやすくなります。

土星を活性させる（56歳から70歳）

Saturn

　土星意識とは「安定感」や「責任感」に関係する天体です。

　10天体のなかで木星と土星の役割とは集団とのかかわりや、社会生活に必要な精神性や秩序を育てることに関係するので「社会天体」と呼ばれています。そのなかでも土星の役割とは、月から始まり太陽にむかって個人の完成度をあげてきた「自分」が、社会に参加するなかで「大人の自我」を確立するのと同時に、個人の完成度をあげてきた「太陽＝自分」が社会と接点をもつときに、簡単に倒れない強い柱と、ぶあつい壁でできた「境界線の箱」で、個人を社会から守る「役割」をはたします。

　社会の厳しい現実に直面したとき、月意識の心理面や情緒などの「やわらかい」ものが壊れないためにも、個人を保護するための頑丈なケースが必要です。土星意識とは、社会から個人を保護するケースをつくり、キッパリとした「立ち位置」を確立しながら、安定的に社会活動ができることを手伝います。

　そういった理由から土星意識があらわす象徴には社会性、安定、秩序、管理、ルール、責任、制限、権威、維持、境界線のキーワードがあります。

一見すると自由さのない「堅苦しさ」や「ドッシリ」した印象があるので、若いころは「土星意識」にたいしては抵抗感や威圧感をかんじますが、土星意識に抵抗したままに大人になると、社会に出たとき、個人が安心安全に暮らしていくための「プロテクター意識」「テリトリー意識」に脆い部分がでてくるので、社会参加することに漠然とした不安をかんじ、拭うことが難しくなります。

　12サインのなかで、土星は山羊座サインの支配星であり、山羊座サインは「集団社会」「組織」「社会貢献」の性質を成長させていくステージであり、それらはアブラハム・マズローの人間の5段階欲求で考えると「帰属欲求」を満たしていくことに似ています。社会との接点とは自分のことだけ考えていたらいいわけではない視点が求められるので面倒なこともおおく、若いころには怖さや鬱陶しさをかんじ、社会との接点を持たない生きかたのほうが楽にみえることや、社会参加の意味自体がわからないこともあるかもしれませんが、人間の5段階欲求に「帰属欲求」があることからすると、何かしら集団社会に属することでしか満たされない「貢献欲求」や「承認欲求」が存在し、矛盾のようですが面倒であっても土星意識を何かしらのかたちで満たせないと、人間は疎外感や孤独感が強くなるというものなのです。

また土星意識が自分のなかに育っていないときには、土星的な人物に会うと「厳しい」「怖い」「威圧的」といった印象をかんじることや「集団的規律」を守ることの必要性を指示されると「パワハラ」や「モラハラ」といったように、自分のなかの土星意識が成熟していないことが映し鏡となり、土星的な人物に「極端な緊張やネガティブな反応」をしてしまうこともあります。

　その場合、いつも「自分は虐げられているのでは？」と実際にはそうでなくてもネガティブな印象として現状をとらえやすく、被害者意識が強くなるケースもでてくるでしょう。（実際のパワハラやモラハラがありますので、それらを肯定する話ではありません）

　すべての人の心身がヘルシーな状態を保つには、心がリラックスできる月の時間や場所をもつことが生命維持に必要であることはすでにお伝えしましたが、心がリラックスするためには安定性の高い「耐震の強いケース」が必要であり、そのなかで保護されているからこそ「心は無防備になれる」ともいえます。

　社会生活のなかで、個人のアイデンティティやテリトリーを守るためにも土星は必要なプロテクターであり、心のリラックスにおいても無視できない要素です。

土星を活性させるワーク

　ここでは土星意識が担当する「アイデンティティの箱」の耐震度を育てます。それは素のままの原始的な赤ちゃんのような奔放だった状態から、社会の一員として組織や集団に参加していくなかで必要となる、秩序や境界線の守りかたを、後天的に学んでいくことになります。

　後天的に一つ一つ積みあげていくことで耐震度の強い柱と壁ができあがります。

→1週間のルーティンのタイムスケジュールをつくり、それに従って行動する

→1日の時間スケジュールを書き込める手帳を使う

→努力が必要だとかんじる「自分へのルールを一つ決め」明日から1か月続ける

→目標を書きだし、それに「達成期限」を書きましょう

→目標を書き、それらに近づくために必要だと思う素材を書きだしてみましょう

→資格をとる、時間をかけて習得する長期コースや学校に申しこむ（短期は×）

→365日　体重計にのり（朝、夜）毎日の体重を書きこむ

土星を活性させるスケジュール

　土星意識はコツコツと地道に「積みあげていく」ことで育つ大人の自我の意識です。それは自己を管理しながらコントロールする鍛錬のようですが、地道に積み重ねることで、コンプレックスや苦手としているものを克服し、時間がかかりますが、「目標（太陽意識）を達成できる（土星意識）」ことがわかるようになります。

土星の使いかたの例

★ できればやりたくないけど、やる必要性をかんじていることを「一つ」1か月やりとおす。（決めた時間に起きる、靴を片づける、テーブルを拭く、決めた時間に寝る、100円貯金する）

★ 自分の目標にたいして「できていない素材」を書きだす。現状の自分を明らかにしできそうなことからとりかかる、出来たら塗りつぶす

★ 毎日、1日の終わりにレシートをみて「今日、いくら使ったか？」スケジュール帳に記録する

★ やめたいと思っていることを「今、やめる」

★ 長期的な時間を要する学校、勉強、習いごとに「参加」する。
自分の都合で辞めない、休まない、とにかく主催側の期
間にコミットして継続することに主眼をおく

★ →自分が「甘えている」「苦手」としていることをすべて
書いてみましょう
→あなたにとって「厳しい」「苦手」「支配的」とかんじ
ている人を書き出す
その人は、自分の苦手や甘さに関係がありますか？そこ
から自分の気づきがあれば書いてみましょう

★ やりたいけど、努力が必要でやめてしまったものはあり
ますか？今のあなたなら、きっとできます。1日5分で
も「やりたいこと」に関係する努力を1か月「やる」と
決め実行しましょう

★ 組織のなかで、責任ある立場、肩書きに抵抗しているなら、
あえて責任ある立場にたつことで自分を成長させてみる

★ 過去に注意をされ、厳しくされて「苦手な人」と距離を
おいた人が、本当は何を自分に「教えよう」としていた
のか俯瞰して考えてみる

★ 二人以上で過ごすとき自分ルールではなく、全体から考えて自分の行動を考える

★ 7世代前からつづく先祖たちが、今のあなたにどんなことを「達成」してほしいのか考えてみる

★ 愛をもって叱ってくれる人や、できてない部分を指摘してくれる人はいますか

1週間、毎日できる土星意識については何に取り組んでみましたか？
→具体的にコミットしたことを教えてください

1か月かけて取り組めたことはありましたか
→具体的に何に取り組みましたか？それらによって習慣がかわりはじめたことがあれば教えてください

土星意識を活性すると何が得られるのか？ 「おさらい」をします

　土星は山羊座サインの支配星であることから、社会で個人が安定感をかんじていけるための「耐震度の強いケース（箱）」を

構築します。

　それは社会参加したときの「テリトリー」を守ってくれる門番であり、セキュリティー機能を担っています。

　ですが、私たちの土星意識が未開発のときには個人の耐震度、境界線にどこか脆さをかんじるため「自分への疑い」がでてきます。

　そのようなときには「人生や将来にたいして〇〇しよう！」としても耐震度の弱さを自覚しているので、責任が求められる場面では「お茶を濁す」態度がでてきます。

　例えば「自分の船で、みんなを乗せて世界を周りたい」と太陽が願望をもっても、自分の船（土星）がポンコツだとわかっていたら、船をメンテナンスして直すまでは、その船では「みんな沈む」のがわかっているので、いつまでも夢を達成できずに具体的な言動には、お茶を濁すかんじになるでしょう。

　ですが、土星意識のメリットは、不信やネガティブに向き合うことで、「責任感」や「大人の自我」を育て、ネガティブをポジティブに着実に変えていくことができます。「不安」や「不信」自体は悪いものではありません。

　逆に「不安」のアラーム音があるからこそ耐震を強くするために「足りていない要素」を明らかにしてくれるのです。先ほ

どの例だと「まず船を直せ」ということです。それは、木星意識のようなオールオッケーの寛容さがないのではじめは「厳しい」とかんじるものですが、現実に足りないものを明らかにすれば目標を達成するために「何が必要で、何が不要なのか？」木星までが集めてきた余剰すぎる成分を土星はそぎ落としてくれます。

太陽の意志にそった「必要なこと不要なこと」を土星が点検することで、メンテナンスが必要なところに具体的な準備ができるのです。

土星意識の点検がはいることで不安だった要素は「根拠のある自信」に変わり、新たな気持ちでゴールにむかえます。

例えば、結果を残しているアスリートは不安や弱さといったネガティブな要素をむしろ、逆手にとり不安や弱さを知っているからこそ克服しながら強くなる。ネガティブにむきあうことでポジティブな結果に変えているものです。

土星意識は一人で「すぐに簡単に」手にはいるようなものではないですが、社会で揉まれながら、目的を達成するために必要となる、脆弱な部分に気づき、後天的にポジティブな要素に変えることを理解します。

また若いころには「土星意識」に抵抗があると伝えましたが、

例えば金星意識の「感受する喜び」にたいし、土星は方向づけるので、制限をかけていくような雰囲気があります。このとき、金星側に主体をおいているときには「制限された」とテンションが下がり、傷つくこともあるので、土星の役割の人にたいし、金星側は「緊張する」「意地悪」とストレスをかんじやすいですが、ワークを通して土星意識が自分のなかで育つと、怖くて緊張していた「土星」への理解のしかた、見えかたも変わっていきます。それは金星を守るために土星がいてくれていたとわかるのです。

　また、土星意識のワークを読むことで難しさをかんじ、できないかも？とかんじる場合は落ちこまないでください。
　土星の開発が難しいとかんじるときは、他者に補ってもうことが可能です。
　例えば、会社、父親、上司、役所、学校、夫、年上の人……といったふうに、土星は基本的に目上の人をあらわしますが「耐震度の強い箱」の役割を誰かに補ってもらいながら、そのなかで自分は「のびのびと生きる」ことや「何かに集中する」といったことは十分に可能です。

　例えば、昭和の時代であれば父親や旦那さんに「大黒柱」をやってもらい、女性は専業主婦として社会との接点をもたなく

ても、土星の柱を誰かに投影しながら守られて生活をしてきました。

　そういったかたちで社会のなかで責任感のある、男性、上司、リーダー、会長、組織などドッシリとしたものに頼りながら「土星意識」を補うことは十分に可能なのです。

天王星を活性させる（71歳から84歳）

Uranus

天王星意識とは「改革」や「独立」に関係があります。

天王星以降の天体についてはトランスサタニアン（土星を超える）と呼ばれます。トランスサタニアンが意味することは個人や社会性を超えた意識が入ってくるという意味のため、人によっては意味がわからないといった印象を受けるかもしれません。

トランスサタニアンの天体意識については「ないもの」として過ごすことも、可能です。実際に古典的な占星術では土星までの7天体までしかみていませんでした。

ですが本書では目にみえないけれど存在している「天体との通路」への夢とロマンをこめて、10天体を活性させていく全惑星意識にむけてトランスサタニアンの天体意識も「ある」が前提として馴染むきっかけになればと思います。

全惑星意識とは「高次の自分が目覚めた状態」と考えたとき、10天体のすべての惑星一つ一つは大切な自分の一部であり、すべての天体は「全惑星意識への架け橋」となるものです。

天王星以降は「肉眼でみえない」ので、目にみえる社会生活や実際的なローカルな場所からは遠く離れていこうとします。

それは土星までが一つの「自我の完成形」だとすると天王星以降は「真我」「ハイヤーセルフ」「魂意識」「恒星意識」といった高次領域にある普遍的な永遠の「自我」にコンタクトをしはじめる領域なのです。

> 「自我（エゴ）」は物質的な肉体に限定された、時間と記憶のなかで成り立つ自分
> 「真我」は物質的な肉体にとらわれない、時間も空間もこえた永遠の自分

　高次領域（真我）のネットワークのつながりは、天王星を足場にして降りてくるので「意識が目覚めます」。
　また12サインでは水瓶座サインの支配星が天王星であることからも未来志向であり普遍的なことに自らすすんでいこうとします。
　天王星意識を正しく使いはじめると過去に形成してきたことを、やみくもに否定するような未来志向ではなく、過去に構築してきたものを熟知しているからこそ、未来にむかって肯定的に「改革する」場所や意味を発見し、進歩的なアイデアをもちながらリノベーション欲求にあふれていきます。

　また、天王星が未開発のときには進歩的なもの、新しいもの、インターネット関係、AIといった改革的なものには抵抗をか

んじ「新しい変化」には反発したくなることもあります。

　ですが、天王星意識とは、より良い未来にむかって現状を見極め、旧くなった土壌に新しい息吹を吹きこもうとします。

　土星意識までの世界では、過去の遺産を維持することだけに価値をおき、意味もなく継続しているものに何の疑問も抱かないような、凝り固まった人生観になりやすいものですが、天王星意識は古くなった土壌や価値観にたいして、持続可能な未来にむかう新しい風を吹きこみます。

　また、天王星意識を開発していくと、意識が冴えてくるので、少し先にある未来や宙に漂う情報を察しやすくなります。それは今の場所にとらわれない先見的な情報を読み、ひらかれた視野で考察できるアンテナにつながることを可能にします。
　実際のものごとでいえば未知なものを先取りしながら「兆し」や「風」を読む、コンサル感覚やセンスが活性されていくということなのです。

天王星を活性させるワーク

　ここでは天王星の「冴えた意識」を育てます。それは「これが私」「これが常識」といった過去の枠組みや地上的なところ

からくる情報のとりかたではなく、普遍的な宇宙原理にアンテナを立てた情報のとりかたや判断を育てます。

→転職する、起業する、引っ越しする、一人暮らしする、離婚する、結婚する

→過去の常識で継続しているが「機能してない」とかんじていることを止める、または、変える提案をする

→断捨離する日をつくる

→携帯のアドレス帳の情報整理、無駄な定期購読や購買しているものをやめる

→仕事場などで休憩時間やオフのとき「一人で自由行動をしたい」ときは実行する

→占星術、未来的なもの、インターネット関係、海外のもの、普遍的なものにふれてみる

→離れたいものから離れ、距離をおきたいものに距離をおく

天王星を活性させるスケジュール

　天王星意識を日常で開発していきます。このワークは「高次の自分」とのアンテナとつながりを太くし、自分の意思で決断

し、独立ができるようになります。

天王星の使いかたの例

　★1か月に1度、断捨離日をつくる

　★ 今、思いつく「離れたい」「手放したい」「別れたい」と思っ
　　ている場所や関係を整理する

　★ 意味もなくお金を払い続けているものを書きだしてみる
　　（それらを明らかにして十分にむきあった上で必要ないと
　　思ったら手放す）

　★ 紙媒体の通帳からアプリや電子手帳に変える、現金生活
　　ではなくスマホやカード決済に変える

　★ ポイントカードを持とうとせずアプリのみに移行する

　★ 何かを決断するとき、流行、伝統、常識などの過去のデー
　　タのなかで決めるのではなく「なんとなく、こちらの方
　　が良い気がする」と思う方で選択をしてみる

　★ SNSツール（Instagram、X、Facebookなど）婚活アプリ、

など興味がありながら抵抗しているものに登録し「インターネットサービス」や「SNS ツール」に馴染んでみる

★ 海外の文化にふれる、占星術を学ぶ、会ったことのない人と SNS ツールなどで交流をしてみる

★ 一人の時間がほしいときには「少し一人にさせてもらっても大丈夫かな？」と周囲にお願いする

★ 7年サイクルで親しみのある場所や物から「離れる」「変革する」計画をしましょう。携帯をかえる、お財布をかえる、アドレス帳や SNS のつながりを整理する、転職する、副業する、海外旅行にいく、引っ越しする

★ 所有することからレンタルする、月間利用のサブスクでもたない豊かさをかんじる

★ ソロキャンプ、一人で海外旅行、一人旅など計画する

★ 7世代前からつづく先祖は今の家系に、何を変えてほしいのか「意識」をむけてみる

1か月で取り組めたことはありましたか

→具体的に何に取り組みましたか？それらによって何かスッキリした部分はありますか

天王星意識を活性すると何が得られるのか？「おさらい」をします

　天王星からは肉眼ではみえない天体であることから、距離の遠いところに縁があり、目にみえない高次領域の情報が天王星をアンテナにしながら「今」の私たちにメッセージを送ってきます。

　また、天王星は「普遍」の意味があることからローカルな場所や関係に縛られた「流行」には距離をおき、場所や関係にふりまわされないようなところから情報をキャッチします。むしろ「ローカル性の強いところからは、なるべく離れたい」衝動があるものです。

　天王星意識に、あまり馴染みをかんじていない人であっても、公転周期の関係から21歳前後や42歳前後には天王星が接触してくる時期がおとずれます。

　天王星意識が私たちに接触してきたときには、何かしら現状への「変化」や「改革心」が芽ばえ、過去に当然としてきた「環

境」「場所」「関係性」「常識」において機能してないものや違和感があるものには「離れる」「手放す」「変化させる」といった独立衝動が起こりやすく、この時期に一人暮らしをする、地元を離れる、自由な生き方を考える、結婚、離婚、離職、起業するなど、新たな「自分らしい人生」を意識的に考えて決断する人も多いのです。

　それは高次の振動リズムを地上でキャッチしているからこそくる惑星衝動なので、この時期を迎えている人は普遍的なSourceに従って新たな道をきりひらくことが、全惑星意識の架け橋になっていくでしょう。

　天王星以降は「高次の自分」（物質肉体を超えた領域）との接点であり、土星意識までに構築してきた「アイデンティティの箱」に一石を未来から投じますから、それは「ハッ！」とするような電気的ショックにかんじます。

　このとき、天王星が教えてくれることは「あなたの限界点はそんなものじゃないでしょ」と過去に当然としてきた枠や、価値観などが壊され、破られたような体験にはなりますが、その「ハッ！」とすることにより風通しがよくなり「もっと遠くまで見渡せる」ひらかれた視点が手にはいります。

　地上原理にリアリティを置いた土星までの視点のときには、近いところしかみえないので、どこか息苦しさをかんじますが、

天王星は土星の限界をこえた広がりのある遠いところからくるサインです。

　自然リズムや宇宙リズムを無視した、人間中心の時間のなかで生きているときには「安定」に重きをおき「変化」にたいしては、肯定的な側面を見出しにくいものです。ですが、地球も宇宙も常に変化しつづけていると考えると、変化は不自然なことはなく生命のリズムとして「自然なこと」です。

　天王星意識を活性させていくと大きな宇宙時計にしたがって、地球時間で流されるような人生ではなく、自主独立的な変化を楽しむ生きかたがスタートします。それは、はじめは少し勇気がいるかもしれませんが、その先には実行した人にしかみることのできない「ひらかれた景色」が広がっているのをかんじるでしょう。

　それは過去の常識や枠組みのなかに、息苦しさをかんじていた人にとっては縛りから解放され「自由さ」と「爽快感」をかんじさせてくれるものです。天王星のアンテナを機能させはじめると「変化」は怖いことではなく楽しみにかえながら、自らの「魂の責任」として、独創的な道を切り拓こうとしていきます。

　またトランスサタニアン以降の天体意識は、物質的地上ルールから、はみだしてしまいますのでワークに関して難しいと

いったようにかんじることもあります。ですが、できないことはないので安心してください。

　まずは「天王星」について遊び心をもちながら、小さなことから活性させてみてほしいのです。その一つはシンクロニシティです。シンクロニシティ(共時性)は天王星からのメッセージです。偶然のなかにはいつも天王星が隠れています。

　例えば時間を見ると「22時22分」、車のナンバーが「88－88」といったゾロ目ナンバーをよくみるとか、自分が気になっていたことが偶然、インターネット情報やテレビ番組でとりあげられていたや隣に座った人、通りすがりの人の会話のなかに「自分が今気になっている場所」が含まれていたなど、このような関係性やローカルな場所に縛られていないところからやってくるシンクロニシティのサインは、すべてあなただけに送られている天王星のメッセージです。「たまたま……」だから、大したことではない、としてしまうことは多いかもしれませんが、それは未来からの、あなたへの手紙を開封せず「メッセージ」をとりこぼしているのかもしれません。

　こういった偶然に気づきはじめていくと、連続性のなかに素晴らしいメッセージが隠れていたことを、発見できるようになるでしょう。

海王星を活性させる（85歳から死に至るまで）

Neptune

　海王星意識とは「夢」「理想」「神秘」などに関係があります。海王星とは天王星から、さらに遠くなるので深い意識であり粒子の細かい霧のようなハッキリしないことや、無意識領域にあるものを映しだします。顕在意識では認識しづらいので認識のしかたには難しさをかんじるものですが、誰もが海王星意識にある粒子の細かい高振動ミストを宇宙から浴びています。

　では、海王星がどのように私たちの生活に接点をもち「お知らせ」をしてくれるのでしょうか。

　高次元のものほど物質密度が薄くなるので、目にみえるような輪郭をハッキリさせることは難しくなりますが、色、音、香り、映像、ビジョン、エネルギー、イメージ、恋、神、集合意識、雰囲気、希薄な水、夢……などを依り代にしながら、私たちの生活のなかにうっすらと影響力をもちこみ「お知らせ」をしてくれるのです。

　また海王星意識は「魂の癒し」や「洗練された美」にも関係があるので浄化や、スピリチュアルな部分でのビューティに関

係し、地球生活の現実からくる緊張やストレスといった重たさから「解き放つ」サポートをしてくれます。それは物質的な肉体にアプローチをするリラックスというよりは、魂がお風呂にはいるような、魂の根源のような神聖な領域にアプローチをしていきます。私たちは海王星を通して高振動ミストに包まれることで、本来のあるべき真我にもどっていくような、夢のようであり、愛のような高次成分に包まれることで浄化と深いリラックスがおとずれるのです。

それは理想的な人間関係や肉体的な快楽ではけっして癒すことのできないような領域であり、「魂の癒しと解放」なのです。

ですが、土星意識までの物質的な現実や社会生活にリアリティがあるときには、海王星が送ってくれる微細でハッキリしない「お知らせ」にたいしては、どこかオカルト的で確信がなく、どう扱ったらよいのかわからないかもしれません。

ですが、私たちは生活のなかに海王星意識をどこか、求めていますし、そして、いつもふれています。もし、海王星意識がなければ物質的な重たい現実にリアリティをおいただけの人生観となり、夢のない生きかたになるので魂は息苦しさをかんじるでしょう。

ですが海王星はそういった、地上的な物質基準の比率を、宙に浮かせるようなかたちで「解き放ち」、私たちに夢や彩りを贈ってくれています。

それは音楽、ゲーム、夢、映画、まんが、芸術、瞑想、バーチャル世界、写真、色、香り、声、お酒、睡眠、祈り、占い、スピリチュアル、神秘、恋、愛、神、小説、詩、自然界、シンボル……などを媒体として、魂が高振動のお風呂にはいることで、私たちは生命エネルギーに満たされ回復していきます。

　また海王星意識が活性しはじめると高次領域に存在するビジョンやイメージのお知らせを地上でキャッチする「私たちの受け皿」の感度が洗練されていくので「夢を叶える（高次領域のものを地上に落とす）」ことが可能になりやすいでしょう。

海王星を活性させるワーク

　ここでは海王星意識が担当する「夢をみる力」を活性し、予感的なアカシックレコードなどのお知らせを「とりこぼさない」受け皿を開発します。

> →音楽を聴く、芸術にふれる、映画をみる、小説を読む、漫画を読む、写真を撮る
>
> →夢日記をつける、スピリチュアル関係にふれてみる

→美しい景色を観賞する、自然のなかでゆっくり過ごす、歴史遺産や伝統にふれる（植物、動物、自然、教会、神社、古墳、秘境、パワースポット）

→香りを楽しむ（お香、アロマ）色彩を楽しむ（色の波長を楽しむ）適度な良質なお酒を飲む

→占い、おみくじ、カードリーディング、コインにきくなどして、何か小さなことを決めてみる

→浄化する（お清め）、祈祷する、お祈りする、お祓いする、クリスタルをもつ、アファーメーションする

海王星を活性させるスケジュール

海王星意識は合理的な現実からいつでも高次元領域へ解きはなたれ、旅ができると知ることで、重たい現実から上手にはなれる方法を、自分なりにもてるようになります。

海王星の使いかたの例

★ 毎日、寝起きにみた夢をすぐにメモする習慣をつける

★ クラシック音楽や高波動の音楽を、通勤中やお風呂にはいっているときに毎日流し馴染んでみる

★ ひと月に一度、氏神神社や神社仏閣にいく、難しい場合は祭壇を自宅につくり毎日、手をあわせる

★ 毎日、10分の瞑想をはじめる　（無になるような時間を意識的にとる）

★ 写真や音楽やアートなど美しいとかんじる景色や芸術にふれる、または、表現する

★ 浄化をする「お風呂にお塩をいれて毎日、入浴する」「曼陀羅アートの塗り絵を塗る」「大祓祝詞を写典する」「大祓祝詞の音源を聴く」

★ オーストラリアの先住民　アボリジニのドリームタイムの夢見についての文献を読んでみる

★ 精神世界や占いを学ぶ、占いを体験しにいってみる

★ 古墳、神社仏閣、パワースポットでつながってみる。パワーストーンを身につける

★『古事記』、ギリシャ神話など、あらゆる国の神話を読む

★ オラクルカードやタロットカードを、毎日1枚引きしメッセージをメモする。象徴やシンボルからメッセージを受けとる練習をする

★ ボランティア活動や募金をする。公共の場所で、ごみを捨てるとき、トイレを使うとき、次の人が使うときに気持ちいい状態なのか？いつも考えるようにする

1か月で取り組めたことはありましたか
→具体的に何に取り組みましたか？
自分のなかで癒されているようにかんじる部分や、心のなかに穏やかさがおとずれていますか？

海王星意識を活性すると何が得られるのか？「おさらい」をします

　海王星は12サインの最後となる魚座サインの支配星であることから時間や空間といった制限をこえて、高次領域にあるシンボルの印象や宇宙図書館といわれるアカシックレコードの「お知らせ」をキャッチする感覚を育てます。

　それは、高次にあるイメージを低次に「似ている型」をみつけだし、型共鳴しながら私たちの無意識領域に落としこみます。

これらは顕在意識では認識しづらいものですが、この海王星の得意分野である「無意識を意識的にあつかう」ことができれば、イメージしたものを現実世界に反響させる、多大なる影響力を、地上生活で発揮していくことが可能になります。

　それを具体的な例としてみていくと、私たちは知らないあいだに、何気ない広告やCMといった宣伝をとおして、その商品の印象やイメージを無意識に受けとっています。
　そして、何かを購入するときには無意識に理想のイメージや、美しいイメージなど今までに受けとってきた印象やイメージをつかって、購買をしたり行動を決めているものです。

　また、海王星は顕在意識がとりこぼしそうなもの、予感的なもの、繊細なエネルギーの違い、雰囲気といった、目にみえない情報をとりこぼしません。海王星は地上生活で「精妙なエネルギー測定器」が働くようになるので、目にみえない領域も、見える領域も「とりこぼさずに舐めて味わう」ことが可能になります。
　この感覚が洗練されていくと見た目だけではわからない、本質的な美しさ、普遍的な美しさといった質の違いもわかるようになります。

また現代の教育や思想は、人間中心な思想になっていることから日本人のこころの水脈となっているような神話元型的な精神性やルーツを生活のなかに忘れがちでありますが、例えば『古事記』の冒頭にイザナギとイザナミに蛭子がうまれた際、日本の最高神であるアメノミナカヌシに相談をしにいったところ「太占（ふとまに）」といった鹿の骨や獣の骨を使った占いでアメノミナカヌシは二人にアドバイスをするとされています。

　ここでみえてくるのは日本の最高神であるアメノミナカヌシでさえ「自分が」といった自我の視点はなく、太占といった占いを「媒体」として高次の領域からのビジョンをもらっていたことがみえてきます。

　もっと時代を遡ると日本ではじめて女性が国を治めた「卑弥呼」は、神様のお告げを授かる巫女であり、高次の領域から啓示を賜りながら地上の政治にいかしていた事実がみてとれます。こういったことからも日本人にはもともと海王星があらわすような目にみえない微細なものや「高次領域と共にある」ことに根本的に馴染んでいる集合魂といえます。

　日本の集合魂は、時間も空間もこえて予感やイメージを受けとることに馴染み深いルーツだと考えると、どこか煌びやかなロマンがあります。

　海王星意識を洗練させていくと、目にみえないもの、雰囲気、漂うエネルギーのなかにある振動の違いを察する感覚が研ぎ澄

まされるため「抜け目ない」生きかたと「洗練された美意識」が開発されていくでしょう。

　また目にみえないものから「アイデア」や「お知らせ」をキャッチすることに慣れてくると、問いかければ宇宙全体が夢やビジョンといった微細な振動をとおして「答え」をくれていたこともわかるようになります。
　そこに気づいたとき、はじめから宇宙の大きな愛に包まれていることがわかるので、深い癒しがおこり、歓喜を体験する人もいるでしょう。

　私たちは今の場所から、縄文時代や古代の日本人が当然としてきた、神や自然界と共にある叡智や、日本の神話世界に回帰することで、物質中心な現在の生活スタイルにたいし、新たなかたちで、夢や彩りを与えて、バランスをもたらすことができるかもしれません。

　ここまで読んでいただいて、海王星ワークについては難しい、できないとかんじることはあまりないと思いますが、もし海王星を使うことが難しく「自分にはできない」とかんじる場合には、もっと身近な方法として「夢」があります。
　睡眠中の夢を覚えている、覚えていない、といった違いはあ

るかもしれませんが、睡眠中は地上の物質的現実のストレスから解放され、夢をとおして高次領域に旅をしているといえます。

　夢のなかでの体験はすべてが、活き活きとして鮮明さにあふれており、自覚できないレベルで浄化と活力を高次からチャージする体験をしています。そのことを私たちは意識できてはいませんが、毎日、睡眠中の夢をとおして海王星を使っているのです。

冥王星を活性させる（生死の瞬間）

Pluto

冥王星意識とは「破壊と再生」や「死と生」といったキーワードがあり、これらは根底から刷新させていくことを示すので「変容」を意味します。

太陽系自体を一つの生命体と考えると、冥王星は10天体のなかでは、太陽系の一番遠くにある天体なので、太陽系のなかにない外宇宙にあるものをもちこむ「扉」のような働きをします。

それは、外宇宙から得体のしれない異次元エネルギーが太陽系にはいってくることをあらわし、良い悪いといったように判断することができない未知のパワーとの遭遇です。

このような理由から冥王星は人智をはるかに超えたものと出会う扉なので、扉のむこうにあるものは、限界点がわからない広大な宇宙のようであり、底がみえない深海のようであり、想像がつかない巨大な濃い影響力をかんじるために「安易に扉をあけてはいけない」といった「脅威」をかんじます。

このような理由から冥王星は過去の占星術では「凶星」として扱われていましたが、これは人間中心主義の思考で考えた冥

王星のとらえかたであり、本来の冥王星がもたらす「豊かさ」への理解の幅が乏しかったことによる解釈であると思います。

冥王星意識については一人一人の惑星意識の馴染み具合によって理解の仕方や印象はかわってくるでしょう。

ですが私たちは意識できる、できないにかかわらず、あらゆる天体の影響を受けながら地上で生きており、冥王星の影響は、誰もが35歳～45歳前後あたりに出生図に対して経過図（トランジット）の冥王星が90度で接点をつくるのです。

このときに異次元との扉が2、3年ほど開き、何かしら「過去の生きかた」を刷新させる0（ゼロ）が近づいてくる雰囲気があり、同時に新たな1（イチ）が始まる切り替えの曲がり角がおとずれます。

その曲がり角では、「新たな自分」へのバージョンアップにむかうための熟成期間がおとずれ、過去に構築してきたものを腐敗させ、尖ったものは発酵させていくのです。この扉が開くタイミングを人生のなかに利用していくと異次元領域のSource(源)から膨大なエネルギーがはいってくるので、異次元領域に突き動かされるような底力感のある集中性の高い生きかたになります、それらは後にカリスマ性の開発にもつながっていくでしょう。

冥王星は「霊界の扉」ともいわれますが、例えるとすると、天地といったあらゆる次元を結ぶような宇宙柱が、自分の脊髄やチャクラのなかに貫通されるような「チャネリング感覚」がめざめます。

　それは天上的なものか地下的なものかはわかりませんが、人間の理解をはるかに超えた「天使と悪魔」「表と裏」「陰と陽」といった両極の次元を行き来できるような潜在力と、打ちだす力を、全身にかんじとる深い洞察力として身につけるのです。

　冥王星を活性しはじめると深い洞察や叡智とつながるので、小さなことにはとらわれない鈍感力も身につき、それでいながら常に核心的で本質的なことをとらえることが可能になります。冥王星意識と通路ができるようになると不思議な存在感を漂わせ「何かとらえどころがないけど気になる」といった怖いような、不気味なような、人の探求心をくすぐる磁力的な魅力も備えていきます。

　また冥王星意識はエゴ中心の生きかただったところから、真我と共にある全惑星意識の生きかたへのジャンプアップにおいても欠かせない惑星にもなっていくでしょう。

冥王星を活性させるワーク

　ここでは冥王星意識が担当する「変容力」を活性していきます。冥王星意識にふれ、自らの意識の刷新に許可をしはじめると「未知の自分」に出会い、深みのある人生がはじまります。

→何かにハマる、無我夢中になる自分を許可する

→カリスマ力がある人、偉業を達成した人の考えかたや生きかたにふれてみる

→自分の死や死後について真剣に考える

→異次元存在（宇宙人や精霊や霊や神など）と交流することを意図する

→０にしたい状況、リセットしたいことがあれば実践する

→感情の浄化に関連するワークをする、または学んでみる

→やりたいことを「ほどほどで止める」のではなく、体力と集中力が続くギリギリのところまで探求する

冥王星を活性させるスケジュール

　冥王星意識というのは、現段階の自分の意識を超越した異次元領域からのエネルギーをもたらします。「これが自分」とし

てきた、これまでの自分のものは一度「停止する」「崩壊する」
といった体験にみえることがありますが、そこから新たなス
タートがはじまるのです。

冥王星の使いかたの例

★ 感情のワークノートを毎日つける
（ネガティブに思ったことについて書く→なぜ、そうかん
じたのか理由を書く→なぜ、そうかんじてしまったのか
信念体系を書く）

★ 両親や誰かに刷りこまれた「絶対に〇〇すべき」につい
て書きだしてみましょう。そして「実際はそうじゃない
かもしれない」と思うことがあれば一つ自分に許可し変
えてみます

★ 変容（思考と感情をゆるめる）プログラムや、意識の拡
大のスクールに参加したり、臨死体験した人や、宇宙人
や霊的な存在とコンタクトしたことがある人の話を読ん
だり、聞いてみる

★ もし6か月後に自分が死ぬとわかったとしたら、誰に会
いにいき、どこへ行き、何をしたいですか？6か月後に

死ぬ意識で「後悔がない」ように実施してみてください

★ あなたの両親や好きな人が「余命3か月」とわかりました。肉体として接点があるのは約3か月です。何をしますか？何を伝えますか？3か月の間に後悔のないように行動してみます

★ 心に閉まっている、タブーとしてきた状況や、過去の記憶を、水性ペンで紙に書きだしてみましょう。そして、お風呂や流し台で、文字を水で流しながら「私は、すべてを流し生まれ変わる準備ができています」と心で唱えます

★ もしも完全に誰か一人を消すことができるとしたら誰の名前を書きますか？それによって、あなたの人生に「何かが変わる」と信じている「変わりたい」と思っていることは何でしょう

★「あなたの地球人生は、今世で最後です」といわれました。あなたの魂は二度と地球にくることがなく、ほかの星へ転生すると知ります。どんな感情がうまれますか。そして、今のあなたが地球で一番やりたいとかんじたことは何ですか？

★ ハマってはいけないとブレーキかけていることがありますか？限界点をもうけずに、極限までつらぬくことを許可してみてください

★ あなたが今一番、大切だとかんじているものや、絶対に許せないとかんじているものを一つ思いだしてください。それが、ある日、なくなりました。それを想像したときに、あなたは「どう変わる」気がしますか？また、それは、これまでのあなたにとって精神的に何を支え、また、なくなることで、何を失うことになるのでしょう

★「私は、人生を変える準備ができています」「私は過去を終わらせ、再誕生する準備ができています」毎朝、心のなかでアファーメーションします

★ 本気でやれば「何でも可能」と未来から預言されました。本気とはどんな状態でしょう。今のあなたが「本気になれない理由」の根本はどんなことでしょう

上記のワークで何か取り組めたことはありましたか
→具体的に何に取り組みましたか？それらによって何か自分のなかで奥深く眠っていたものを表面化でき、発見できた

ことは何でしたか

冥王星意識を活性すると何が得られるのか？
「おさらい」をします

　冥王星とは太陽系の一番遠くにある天体です、それは外宇宙との扉であり「未知なもの」をこの世界にもちこむ入り口です。

　未知の深い影響力を地上生活でどのように利用するかは、それぞれの馴染み具合で違いはでてきますが、冥王星意識の影響力を肯定的に人生に使っていくことができれば「大きな変身」を遂げることになり、過去の自分を超越した新しい生きかたが可能になります。

　その変容のプロセスのしかたにはいろんなかたちがあります。興味の方向に集中しつづけることで、異次元の扉が開くこともありますし、過去に封印してしまった記憶を掘り起こすことで扉が開くこともありますし、死をかんじるような病気や事故など、一見すると波乱万丈で翻弄されるようなかたちで開くこともあります。

　冥王星意識がどのようなプロセスで変容を迎えるかをいいきれるものはありませんが、冥王星の扉が開くことにより高次元

や低次元、天と地など次元の違いを行き来できる、振幅のある視座が手にはいることになります。

　時空をこえた遠くまで見渡す視点と「天と地」「無と有」といったような極性の違う次元を潜れるようになると、人生のとらえかたが直線的ではなく、球体的に理解することや、過去や未来が同時に存在していて時間を行き来するような感覚や、「愛は時空を超える」の核にあるものを理解しはじめます。

　このとき「すべての過去の経験は肥やしになる」といった意味を、真に理解し、魂が震えるような充実感がおとずれるかもしれません。

　ですが、肉体的感覚にとらわれたエゴの視点としては一度、すべてが崩壊するので衝撃的でショックではありますが、冥王星意識の根幹にある宇宙柱の「高次元と低次元」「天と地」「真我とエゴ」といった通路が貫通しはじめれば、良い悪いといった二極的なことを超越した全方位的な宇宙的観点から、現在の自分の居場所を確認できるようになります。

　絶望にみえるときも、全方位的な宇宙的観点に立ち返ることができれば、隣に希望が始まっていたことに気づき「方向転換」する視点が手に入ります。

　絶望は視点が「一つ」の方向になっているときにおこりやす

いですが、本来、私たちは全方位的にひらかれており、創造的に道を創りつづけることが可能です、冥王星意識を活性していくと「人生のとらえかたやサイズ」が変わります。

また、冥王星は12サインのなかでは蠍座サインの支配星です。蠍座サインは親密さ、信頼、セクシュアリティなどのキーワードがありますが蠍座サインの経験で得られる「豊かさ」とは、特定の対象に深く一体化していくことで相手の影響が自分のなかに浸透し、それにより自分の過去の資質が「変容」し「再誕生」する意味合いが含まれます。異質なものを自分のなかへ受け入れること、または異質な対象に飛びこむことは、心理的には「怖さ」や「脅威」をかんじやすく肯定的な意味がみえにくいかもしれませんが、魂の進化の性質をあらわす12サインの流れからすると、個人資源には限界があるので蠍座サインでは他者や自分以外のものと「一体化する」ことで得られる資源や豊かさがあることを発見します。

自分以外のものとつながることで殻をやぶり、過去の自分を融かしていくことで「相乗的な豊かさ」や化学反応が起こる体験を知るのです。

これらのプロセスは個人の資質が大きくなるための崩壊を起こすので「痛み」を伴い、消極的なときには奪われていくよう

にもみえますが、蠍座サインでは非常に濃い感情体験のなかでドラマチックな変容を遂げることを意味します。

これは「〇〇と出会ったおかげで、人生変わりました」といったようなビックリするような大変容を体験したことがある人にはわかるものです。

冥王星のエネルギーは「0か100か」「オンとオフ」といった極端なかたちで働くので、冥王星意識の扉が開きはじめると中途半端な生きかたは難しくなるでしょう。天地を結ぶ、宇宙柱が自分のなかに「貫通し」異次元領域から膨大なエネルギーが流れはじめ、恒星意識(太陽以外の恒星)が目覚めたような生きかたになります。

それは、個人をこえた何か壮大なものに突き動かされるようなエンジンが始動しはじめたようなものとなりますから中途半端ではいられず、生きかた全体にドライブがかかり「集中力」がうまれます。その集中力のなかで質をあげていくので唯一無二の「カリスマ力」も開発されていくでしょう。

また、未知の対象に飛びこむことや、巻きこまれることで、過去の自分を脱ぎ捨て新しい自分に「再誕生」できる豊かさを教えてくれるのは10天体のなかでは冥王星だけです。

冥王星に「畏れ」をかんじるのは、人智の理解をこえた深い

魅力と豊かさをもつ惑星だからでしょう。

　冥王星は全惑星意識にむかって大きな影響力をもちこみ「生きる質」を根底から刷新するチャンスを試みていくことを教えます。渦中にいるときには出口がみえず翻弄されているような気持ちになりますが、冥王星の扉をとおして「真我」や「永遠の自分」が手を引きながら「より質の高い生きかた」へ、グレードアップできることを教えてくれます。

　また小さなレベルで考えてみると私たちは毎日、睡眠をとりますが、眠っているときは、昼間の意識の自我は「死」のような体験をしています。自我とは過去の記憶の連続のうえで成り立っているとするなら、睡眠中は「自我をオフ」にして仮死状態のようなかたちで記憶喪失し、朝には目覚めて、また昼間の意識が始まっているとすると「死と再生」のオンとオフの冥王星的なことを毎日経験しているのです。

土星やトランスサタニアン意識は
自分で使えなくても補える

　すべてのワークをご覧になっていただいたなかで土星、天王星、海王星、冥王星の意識については使い方が難しいとかんじた人もいたのではないでしょうか。

　また、これまでお伝えしてきた天体ワークに難しさを覚えても、それ自体が何かダメなわけではありません。私たちは地球で誕生してから10天体のすべてをはじめから使える人は一人もいませんし、むしろ、10天体を地球で集めることを楽しみにきた、と軽やかな気持ちでとらえていただければと思います。

　「10天体を集めなければいけない」となると、どこか窮屈な気持ちになり、遊び心も失われますがドラゴンボールの冒険旅のように「10天体の惑星意識」に出会う旅のプロセスを、ワクワク感をもって楽しんでいただけたらと思います。

　そのなかでも土星やトランスサタニアンの補いかたについては意識するのが難しいかもしれないので、その理由と補いかたについてもここで説明をしていきます。

太陽系のなかで土星は、肉眼でみえる一番最後の惑星であることから、土星意識は人間社会においての最終達成イメージであり「大人の自我」であり「老成」したイメージです。

　人間社会で起こる酸いも甘いもすべて知っているような意識ですから、若いころや中年期に、土星意識を理解ができるのか？というと、年齢的にも難しい部分があります。

　この時期には、どちらかというと太陽（目的や意図）に意識はむかい、個人の完成度をあげながら進化していく段階ですから、そういった時期には土星的な役割は誰かに担ってもらいながら、自分の「太陽を輝かせる」ことに専念したらよいと考えてみてください。

　例えるとすると、プロ野球選手が良い成績をだすことに集中するためには、ゲームの流れの全体を見渡し、それぞれの個人の資質をいかすことができる監督が必要であり、また、それらを支えてくれる金銭面でのスポンサー、ファンを集めるための集客やPR、選手を守るための健康管理、ルールなどはすべて球団がしてくれます。この場合、野球選手が「自分＝太陽」だとしたら「監督や球団＝土星」です。

　このように若いころや中年期は「土星」の役割は、あえて他者や環境のなかで補い、自分は太陽が輝くことに専念していく時期ともいえます。

また、トランスサタニアンは目にみえないので、具体的な物質に堕としたかたちで説明できるのか？というと、地上にたいして大きく貢献はしていますが、サイズが大きいので具体的な個体に「おさまらない」雰囲気になります。そういった理由からトランスサタニアンは具体性というよりは「未知への恩恵」や「気配」としてかんじとっていくようなものです。

　そういった理由からもトランスサタニアンは意味がよくわからないし、無駄にもみえるかもしれません。それぞれの個人意識がどこに「現実的リアリティ」をおいているかによってトランスサタニアンへの理解のしかたや、幅は違ってきます。

　また、トランスサタニアンを意識しづらい理由には公転周期が約84年から250年なので、人間の寿命をこえた長期的な時間天体であることも関係があります。社会との接点の限界は土星ですが、社会枠内の土星の年齢域（55歳～70歳）を「最終着地点」として人生プランしたときには、トランスサタニアンが示そうとしている豊かさは、土星枠をこえた定年退職後、社会との接点から離れたところ、「死」を迎えた先の世界となります。
　人生プランが土星枠内の場合には、想像の範囲をこえるのでトランスサタニアンが示す豊かさをイメージすることが難しく

かんじるかもしれません。トランスサタニアン意識が、私たち
に教えてくれるのは、精神性や長期的な魂としての人生プラン
や、永遠の魂といった視座であり、大きなスケールと時間軸で
人生を俯瞰しようとする意識です。また、トランスサタニアン
は世代天体ともいわれ、世代がもつ魂のカラーや雰囲気にもみ
てとれます。

　では、トランスサタニアン意識が抜け落ちた状態で生活をし
ていると、どのようになるのでしょうか、それは物質肉体の寿
命に縛られた、限定的な「短い時間」のなかで、すべてのもの
ごとを考えようとする、ということです。
　すると具体的でわかりやすいところに現実味や豊かさを見出
そうとしていくでしょう。

　戦後の日本は、国の方針として「経済の発展」「物質的豊かさ」
「具体的な技術」といった、土の元素が象徴するような豊かさの
開発を急成長させてきました。ですが、その恩恵の代償という
と極端かもしれませんが、これまでのような社会の発展や開発
のさせかただけでは、普遍的な視点が抜け落ちており、土の元
素のゴミの遺産をつくりつづけてきた側面があります。これは、
トランスサタニアンの管轄する大きな時間サイクルの視点が人
間に抜け落ちている、わかりやすい例といってもいいでしょう。

日本は、自然と伝統が調和された美しい国として「旅行してみたい国」として海外から人気がありますが、今後も、国や地域を動かすリーダーが普遍性を失い短期的な時間意識や、「土の元素」に偏ると「日本の本質的な美」の根幹を揺るがすような都市開発をすすめ、美しい景観のなかに高層マンションがポツンと映る日もそう遠くない未来にやってくるかもしれません。

　物質的価値に迎合しすぎると、短い時間軸でものごとを考えるので、土星枠にとどまったエゴ中心な発想になるものです。「四元素」のなかの一つの元素に偏ることや、全惑星意識をうしなった状態での決断は、短期的に経済は「一瞬」潤うかもしれませんが、普遍的な視点が眠っているときには地球や生命にたいしては、乱暴な決断になっていることもあります。

　日本人の大本をたどれば、自然崇拝の信仰なので普遍的な視座を失うことのない精神性があり、それが物質面に迎合しすぎるようになると、日本の普遍的な美しさを大切にできる、調和力のある美的センスも衰退し、魂の品格も失っていくかもしれません。

　ですが、日本人のルーツは目にみえないことや、全体性をかんじながら、物質的な現実と戦うことなく、共生させる感性と美的センスが、はじめから「ある」のです。トランスサタニアンを活性させていくと、土星までの限定的な視点に普遍性をとりいれた、本来の日本人らしい「粋で美しい決断」ができるよ

うになります。

　現代の私たちは「精神性」「生命」「つながり」「自然」「全体性」「精霊」「愛」「夢」「神」「祈り」「芸術」「音楽」など抽象的だけど、いつの時代にも求められる普遍的に価値があるものを軽んじてしまっています。

　世界からみても、日本の生活水準は平均的に高く、物質的に豊かな国ですが、その裏側は自殺大国であり、鬱病が多く、苦しい現状があります。この落差は「豊かさの見出しかた」に何かが抜け落ち、思いだすことができなくなっているのかもしれません。

　その理由を土星枠内のなかで答えをさがしても、解決にむかう夢や希望はきっとみつかりません。

　また、これまでの経済面と生産性を中心にした、豊かさの比率が大きくなると、気持ち、感情、夢、遊び、精神性、芸術、愛、自然、動物、生命全体……など抽象的なものにたいしては「生産性がないから無駄」「成果がみえにくいから意味がない」「損か得か」とするような判断となり、純粋な遊び心が消えていきます。

　物質的豊かさとコスパ重視の合理性にかたよったかたちで追求すれば、基本、恋愛や結婚は感情がともない、心理的に混沌

とする場面もでてくるので「恋愛＝煩わしい」と判断します。ですが、それは、いいかたを変えると「自分の心や感情にたいして雑になっている自分をみようとせずに放置している」からともいえます。自分の気持ちや感情の扱いかたが「雑」になっているときは、その状態を、必ず他者に投影してしまうものとなります。

　つまり恋愛や結婚など「気持ちや感情の交流」が必要な場面において、自分の葛藤が反映されて、雑で乱暴な言動になってしまうのです。そういった場合には、愛や恋愛の「真の豊かさ」を見出す前に「恋愛は面倒くさい」「仕事の邪魔」「コスパが悪い」と、エゴの葛藤となっているものを正当化して挫けやすくなるでしょう。それはスピリチュアルなどの精神性の探求においても同じことがいえます。

　トランスサタニアンは、人間中心の合理性や物質的価値をこえた高次の知性や感情の豊かさを教えてくれる天体です。トランスサタニアンは自ら働きかけなくても、トランジットで体験することができます。

　身近なところでは予想できない異常気象や、最近では新型コロナウィルスといった未知のウィルスに振り回されましたが、この経験をとおして、私たちはこれまで当然としていた土星枠までの生きかたが変わるきっかけになりました。

また、大きな影響力として、これから AI が進化することで、実務的なことはすべて AI が肩代わりし、雑務の「忙しさ」に追われていた日々に、空白の時間がおとずれるようになります。

　それは、やっと「人間らしい生きかた」（思考、感情、カラダが整う）ことに準備が整う時代にはいっていくようにもみえます。AI には「趣味」や「感情」や「愛」など、気持ちや感情をともなうことはできませんが、感情をともなう創造性を発揮できるのが「人間の魅力」です。

　いいかたをかえると土の元素の比重が高かったときには、「忙しい」が普通となり雑務に追われ、遊びもできない、趣味もできない、感情をともなうような恋愛や家族との時間は「無駄」「面倒くさい」と排除してしまう傾向でしたが、これからの新時代は「時間のゆとり」がうまれることで「心のゆとり」ができます。
　忙しいことが当然だった人には「時間のゆとり」「暇」ができることに、慣れるまでは怖さをかんじるかもしれませんが、第 4 密度にすすんでいく新時代のパラダイムでは、心の「優雅さ」が豊かさのポイントとなります。AI が進化することで、私たちは心にゆとりある時間が増えて、趣味、愛、芸術、家族や友人との時間、自分なりの信仰をもつなど「精神的豊かさ」や「創造性」に腰を据えて時間を費やせます。

松村潔先生は「創造活動をしているときだけ人間になる」と仰っていますが、古代の人たちが四季や生命を味わいながら、当然にやってきた創造的な遊びを、新たなかたちで集中しやすくなるともいえます。

　トランスサタニアンにつながると人間は「大宇宙の一部でしかない」とスケールの大きさを前にエゴは崩壊しますが、そのとき大きな時間の流れに吸収され、人間としての謙虚さがうまれ、新たな視座で地上生活を楽しむ生きかたを人間は模索できるのかもしれません。

　日本人の魂は、もともと大宇宙に広がる星々、自然界、人間界、霊界など、異なる波長のなかで調和的に生きることが「自然である」といった「自然崇拝」に馴染みある魂です。
　トランスサタニアンは無理に確信をもとうとしなくても、心の片隅におくだけで、絶望的にみえるときに、時空をこえたところから希望の灯となって導いてくれるのです。

月の年齢域で男女像をつくる

　０歳から７歳の月の年齢域に「エゴ（物質肉体)」に必要なものを周囲から吸収し「人格の基礎」となるものがデザインされます。

　月の年齢域はエゴが「白紙」状態なので、この時期に吸収していくものは良くも悪くも抵抗できません。この時期に両親や環境から極性の違う「男女の違い」男の子は青、女の子はピンクなどの概念が刷り込まれ、個人的な感情パターンがうまれます。

　スピリチュアルな視点からみると魂は分離を体験しに、地球に遊びにきました。地球で物質肉体にはいることで「私」を体験でき、そこからうまれる葛藤やあらゆる感情を味わえることが、重たい地球のドラマを経験しているので「地球は悲しみを体験できる星」ともいわれています。

　チェックシートでもお伝えしてきたように、私たちの出生図には「月、水星、金星、太陽、火星、木星、土星、天王星、海王星、冥王星」という10天体の要素から成り立っていますが

10天体には男性的な能動要素、女性的な受動要素があります。ですが月の年齢域に「男女」の一つの側面が刻印されていくので、それ以外の側面を、自分には関係のないものと影にして、自我を形成していきます。

　例えば、女性は女性天体に自我をおきやすく、男性天体を影にしやすいものです。そして「影の要素」を補おうとするのが基本的な恋愛です。旧いパラダイムでは「不足の要素」を補うパートナーシップが当然でした。
　恋愛で足りない要素を補うのは合理的な印象もありますが「不足の要素」を相手に担ってもらうことが「当然」のパートナーシップとなると「相手がいないと欠けのある」相互依存となり、そのことに無自覚なときにはお互いを制限にむかわせることもあるわけです。

　例えば、女性が旦那さんに太陽を投影した場合、輝かしい太陽（旦那さん）に照らされ、女性は安心のなかで生きているようにみえますが、この状態は旦那さんがいないと「生きていけない」自立性のない方向を育てることにもつながります。つまり旦那さんがいないと、生活ができない、自分では決めることができない、対処できないなどです。
　すべて旦那さんにやってもらえることは守られており、楽に

みえる印象もありますが、違う側面からみると、旦那さんに酷いことをされ「別れたい」と望んでも「太陽がいないと生きていけない状態」を女性が許しつづけたことで別れることのできない自分に直面します。このように考えると男性に男性天体を補ってもらいながら、女性天体にとどまる生きかたは、真に女性にとっての自由で豊かな生きかたとはいいきれないかもしれません。

　実際に、結婚相談所や恋愛相談の現場では「女性性」への思い入れが強い女性は、自分の欠けの「男性性」を相手に埋めてほしいと望み、理想や期待が高くなりますが、それが制限をうみだすので継続的な関係が成立しづらくなることや、また違う側面では、彼氏に精神的にも経済的にも依存してきた女性は、自立しようとしたときに「自分には無理」と無力感をかんじている相談もありました。

　男女をわけて考える宗教色の強い国などでは、男性がいないと生きていけないようなかたちで男女の関係を成り立たせている国もあります。それは、女性の自立心が芽ばえないよう情報を与えずに、情報弱者にむけていくことで、自分で判断できる知性を制限し、男性に権力をもたせ男女関係をコントロール下に置くものとなっています。女性たちの思想が「女性性」に自分を同一化させたものとなっていると、こういった国の男女関

係のように、自立に必要な男性性的なありかたを排除し、男性に不足を補ってもらう生きかたをしていくことになります。

　女性の社会進出が難しかった時代では「男性は男らしく」「女性は女らしく」と性質の違いをわけ、相手に不足を補ってもらうパートナーシップが当然でしたが、この価値観は制限的な豊かさに安住していたともいえます。

　ですが、これからの時代は「男性性と女性性」の両輪を自ら使っていくことで月の年齢域の鋳型でできた「男らしさ」「女らしさ」の枠内で制限しあうのではなく、全惑星の 10 天体を後天的にブラッシュアップさせながら、広がりのあるパートナーシップを築いていけるのです。

10天体の自分の分身を統合化する

　高次の自分を忘れた状態で、私たちは地球生活がスタートし出生図の10天体を発見しながら、統合化された高次の自分を思いだす旅をします。

　全惑星意識の旅は、漫画で例えると『ドラゴンボール』の冒険のように、7つのドラゴンボールは不足があるから欲する気持ちが楽しく、全部を地球で揃えてみたいワクワクした気持ちに駆られます。

　私たちは人生をとおして「今の自分がまだ知らない」10天体の要素に呼ばれながら「自分を思いだす」冒険の旅に参加しており、それを無意識領域から魂が、惑星のガイドをとおしてナビゲートしているのです。

　改めて10天体には、どんな要素があり、何歳ぐらいに育成しやすいかをみていきます。

> ◗ **月意識（0歳~7歳）→気分や情緒に関係**
> プライベートの自分、基礎の性格、完全受動、無自覚な癖、情緒、母性的なもの、素のままの自分、反応のパターン、女性的な要素、快不快、安心できる場所、超個人的な欲望、保護、肉体

◉ **水星意識（8 歳～15 歳）→知的好奇心、興味の方向に関係**

知性、言語、適応力、分析力、コミュニュケーション能力、伝達、知恵の発達、フットワーク、興味の方向、好奇心、細やかな対処、技能

◉ **金星意識（16 歳～25 歳）→官能的な楽しさに関係**

感受性、喜び、楽しみ、五感的な豊かさ、期待心、高揚感、女子高生のようなトキメキ、美しさ、恋愛、華やかさ、独身の女性、趣味、社交性

◎ **太陽意識（26 歳～35 歳）→自主的に開発したい方向に関係**

意図、積極性、目的、生きる意義、生命エネルギー、輝かしいもの、父性的なもの、男性的な要素、権威、創造性、意欲的なテーマ、希望、可能性

◎ **火星意識（36 歳～45 歳）→突破力、主張するエネルギーに関係**

昇華力、性的なエネルギー、攻撃性、競争心、燃焼力、情熱、積極的否定力、正義感、防衛心、怒り、積極的な力、独身の男性、個人の社会的な欲望や意志、突破力

♃ 木星意識（46 歳 ~55 歳）→肯定的にみる寛容さに関係

善の意識、寛容さ、楽観性、精神の拡大、発展、増やす、甘え、怠け、幸運、寛大、自然なリラックス感、社会的信用、ポジティブからみる思考、哲学、細かいことを気にしない、許す、いい加減さ

♄ 土星意識（56 歳 ~70 歳）→責任感、明確な安定感に関係

安定性、組織力、保守的、科学、秩序、伝統性、確実さ、社会的責任、減らす、制限する、明確さ、ルール、最終達成イメージ、大人の自我、老成した精神、厳格さ、ネガティブからみる思考

♅ 天王星意識（71 歳 ~84 歳）→独立性、普遍性に関係

変革力、独創性、新奇な発想、冴えた意識、洞察力、オリジナリティ、離反、開かれた意識、オープンさ、未来的、反抗心、構造の理解力、発見、先見性、自由

♆ 海王星意識（85 歳 ~ 死に至るまで）→夢やイメージを膨らますことに関係

無意識領域、人智をこえたもの、芸術性、理想の愛、神、音楽、妄想、神秘感覚、祈り、トランス状態、夢、ロマン、精神的な癒し、幻覚、魂の癒し

> **Ⓟ 冥王星意識（生死の瞬間）→限界を切り替え変容させ**
> **ることに関係**
> 死と再生、極限性、根底から刷新、破壊、徹底的、0 か 100 か、
> 極端さ、絶対、こだわり、支配力、変容、無、カリスマ性

これらの要素は馴染みあるもの、ないもの、というように受けとる印象は人によって違いますが、今は馴染みがなくても、すべての要素を潜在的にすべての人がもっています。例えると、まだ発芽はしてないけど「種」がある、宝石であれば磨かれていないけど「原石」がある、といったものです。

10 天体のキャラクターを能動と受動でわけてみます。

> 男性的で能動的なものは、太陽、火星、土星、天王星、冥王星
> 女性的で受動的なものは、月、水星、金星、木星、海王星

水星は中性的なキャラクターですが自主的に切りひらく力はないので受動とします。

私たちが地球で誕生する前のルーツは第五元素以上のところに元型があり、そこから 2 極性を体験できる地球を選び、性

別をわけることで男性的な天体、女性的な天体など一つの側面に同一化していきますが、本来、人間は男性的な要素、女性的な要素どちらも合わせもつ存在です。

　そして、すべての天体が「自分を構成する要素」ですから、欠けがある間はその要素を補おうとするのは自然な欲求です。男性は自分のなかの女性的なものを相手のなかに求め、女性は自分のなかの男性的なものを相手のなかに求め、そこで磁力が働き惹かれあっていくのが恋愛です。

　例えば恋愛で相手を好きになった理由が「自分にないものをもっていたから好き」と顕在意識としては認識していますが、実際には自分のなかにある要素を相手のなかに「発見する」ことで、内側が触発されて恋愛初期の「ときめく」高揚感がうまれます。

　そのときの高揚感は自分に眠る「原石」が相手をとおしてキラリ光ったのです。異性にたいしておこる恋愛的な反応は、すべて自分に眠る天体要素に「ひっかかり」反応します。

　また、恋愛に限らず10天体の要素は他者をとおして「発見する」ことが可能です。環境をとおして、憧れの人、尊敬する人、苦手な人、ホッとする人など惑星の資質を他者を介して疑似体験できるのは楽しいものです。

女性は女性天体に自我を投影する

　女性は月や金星などの女性天体に馴染みやすく、そのなかでも金星は「若い女性」「独身女性」のシンボルとされ、16歳から25歳の金星期にはいると「受けとる豊かさ」を活性させていきます。

　金星意識は「女子高生」のような若々しい感性であり、愛と美の豊かさの象徴ヴィーナス（女神）にも関連されることから、恋愛、趣味、食、美意識、ファッション、音楽などから、その人らしい「豊かな感性」が五感をとおして磨かれます。

　金星はすべて「美しさに関係する」天体のため、傷つく、悲しむ、不満をいう、拗ねるなどの一見ネガティブにみえる感性さえ周囲に放つものはかわいらしく、華があります。どんな状態でも、どこか美しさが漏れてしまう金星のことを占星術では「引き寄せる天体」といいます。

　金星の引き寄せ力をつかって恋愛を展開させやすいのが金星期の女性です。このときの、引き寄せ現象をすこし極端ないい

かたをすると「特別な努力をしなくても、楽しむだけでチヤホヤされる」時期となります。金星期は好きなことや、趣味を愛でるだけで、美しい輝きのようなものが周囲に放たれ「かわいいね、素敵だね」と褒め言葉を受けとることが多くあるでしょう。

この金星期の体験が、月の下書きに彩りを与えます。金星期に受けとった賛美の声、恋愛の成功体験があると、それらは「自分の魅力」として自我に記憶されます。

この時期に受けとった明るいことや、嬉しかった記憶、失恋や傷つくなど、悲しかった記憶も、すべてがその人らしい金星の彩りになります。金星自我の感受性がどのように育つかは、それぞれに違いはありますが、その人らしい「感性」や「魅力」が膨らみます。

また、金星期の豊かさの受けとりかたは受動で展開させていきます。金星は深く考えなくても、自分が楽しんでいるだけで「磁力」が働き、恋愛の展開などを外から引き寄せることが可能です。この時期に「成功体験」が多くあると、大人になっても恋愛や物事の展開のしかたが「受動」のなかに甘んじることが当然になってしまうこともあります。

ですが、大人になるにしたがって受動だけで展開するパター

ンでは難しくなる時期がきます。それが 26 歳以降の太陽期から火星期です。この時期にはいると宇宙は、全惑星意識の梯子を上るプロセスとして「積極性」が人生や恋愛に大切であることを「知る準備」にはいります。

　太陽期になると「今までのやりかただけでは、何かうまくいかない？」と不穏な雰囲気を漠然とかんじはじめる人もいるでしょう。ここで良い意味で「金星の限界」「金星の挫折」のようなものがおとずれ、新たな豊かさを開発するチャンスがやってきます。

「女性はお花だから」
の恋愛観の先にあるもの

　男性は能動性、女性は受動性を無意識的に使っていくわけですが、すべての男女に「男性性と女性性」「能動と受動」の対局の要素がそれぞれに眠っています。

　女性は女性性が「特権的な魅力」と考えやすいところからはじまりますが、片方の側面に同一化していくと、偏りがうまれます。

　例えば、太陽期の26歳以降にはいった女性が「女性性」や「受動性」にファーカスした恋愛をしていると、男性から「重い」といわれることや、真剣交際に発展しない、肉体関係で終わる、結婚には至らない、などが起きやすくなります。

　なぜ、このようなことが起こってしまうのでしょうか？

　それは「金星期から太陽期」への意識の切り替えがうまくできていないということと、とらえられるのです。

このことは結婚相談所や恋愛コーチの現場で長年、どうした
ら誰もが恋愛を成就させられるか、愛を育んでいけるのかを、
悩み、研究した際に、発見をした「受け身」だけでは恋愛が難
しくなる時期と、占星術に描かれる受動から能動への「切り替
え時期」のタイミングが一致しているシンクロに驚きました。

　例えば、男性とのご縁はあっても「交際に至らない」多くの
女性の原因は、恋愛展開の方法が25歳までに膨らませた金星
スタイルのワンパターンになっており、女性自身が金星意識で
「足をとめている」ことに気づけていないということがあります。

　金星意識の「恋愛美学」をもっと受動を重心に考えていくの
で、基本的に男性の積極性ありきに恋愛が展開されることを望
みます。恋愛初期の出会いではよいですが、現場をみていると
恋愛のすべてを男性に頼ってしまう女性は、その意識が原因と
なり男性にとって「都合の良い」状態をつくり、心が傷つくこ
ともあるものです。

　それは「受動の美学」がそういった事態を引き寄せやすくな
るともいえます。受動性に偏ったかたちで価値をおくときには
「相手のわかりやすい態度」がないと「気持ちがわからない」「愛
情が確認できない」となりやすいため、どこか「押しの強い男

性のほうが嬉しい」とする状態になり、すると「押されたい私と、押しの強い男性」の凸凹が成り立ちます。

　ですが、受け身の意識だと出会った後の恋愛のすべてを「男性に主導権を持ってほしい」「私を引っ張ってほしい」と考えやすくなりますから、女性が「恋愛地図」をもとうとしなくなります。すると恋愛地図は、男性任せ、状況まかせにしていくこととなり、男性にとって「都合の良い恋愛形態」を助長しやすくなるともいえるのです。

「受動の美学」に偏ってしまうと、こういったスパイラルを断ち切れないということもでてきます。

　以前、「女性はお花だから咲いて待っていたらいい」とする恋愛思想があることを聞きました。これは例えると「金星の磁力」をつかって男性を引き寄せることを意味し、それは実際に有効な「一つの術」です。ですが、しつこいですが「金星ありき」の先にある恋愛思想は、男性にとって都合の良い状態をつくりやすくもあり、女性との関係に男性が「コミットする」とは限らないのです。

　受動だけに「女性としての価値」をおくと、無自覚に男性の「押しの強さ」や「積極性」に重きをおきやすくなるので「男性をみる目」や「人間性の質」を見極める力には偏りがでてきます。

つまり、押しが強い→私のことが大好き→ずっとこのまま私を大切にしてくれるはず、と金星意識は期待しますが、「押しの強さ」に恋愛基準や男性の価値をおいていると、押しが強い→自分勝手で相手に配慮しない→自分の欲望のための熱烈さだった、となり、蓋をあけてみると思いやりの欠けた「強引な男性」や、「性的な目的」など、相手の気持ちを配慮できない幼稚な男性とあとで知ることにもなります。

　受動のなかで見ている情報は、相手の「一部分」だけを切りとってみているので、相手の人間性や想いを判断していくには視野が狭くなっており、受けとる情報が偏るのです。

　「女性はお花だから咲いて待っていたらいい」思想は、肉体関係をもつと疎遠、交際期間が短い、彼に本命がいた、ほかの女性と結婚したなどの相談が多くあります。その際に「彼に〇〇したいから〇〇してほしいと具体的に共有してきましたか?」と聞くと「伝えているつもりです」「はじめにはいいました」との回答が多く、どこか相手に伝わっている実感には、心細さや、曖昧さが残ります。
　その際にさらに胸の内を聞くと「女性は行動してはいけない」「男性はハンターだから追いかけたい」「男性は自発的に与えることが喜び」などの信念体系を話されます。この言葉の背後に

あるのは「女性はお花なので待っていたら、男性の蜂は喜んでやってくる」思想があるのです。

　幼少期に、私たちは「王子と姫の物語」などで男女のイメージをつくり、金星期に受動で「豊かさを受けとる」ことが上手になりますが、この時期は欲しいものを自ら積極的につかむ豊かさや、「相応しい質を選別する力」は成熟していません。
　金星意識は引き寄せることは得意かもしれませんが「選びとる」ことは得意ではないのです。ここから、さらに豊かさのレベルと質をあげて「相応しいもの」を受けとるには、引き寄せるだけでは足りず「選びとる」能動性や防衛する意識が必要となってくるのです。

　受動の恋愛美学で心身が傷つかないためにも、女性が「能動」を意識し「受動」で引き寄せたご縁から「相応しい人」を選び、継続させていく力を身につけることで、相手の男性との接点がうまれるということが起きてくるのです。

金星で引き寄せるだけでは、
ご縁の粘着力は弱い

　金星で引き寄せるだけでは、ご縁の粘着力が「弱い」ことを具体的にみていきましょう。前のページでもお伝えしましたが、金星を活性させると「引き寄せる力」が働きはじめます。

　例にあげると「お花に蜂がとまる」現象が起こってきます。ですが、ここにある落とし穴は自然界の花と蜂の関係をみても、美しい花を咲かせることで、蜂を引き寄せることは成功しますが、蜂は用がすんだらすぐに離れ、隣の花に移り変わっていきます。

　これを男女の恋愛で考えると、女性（金星）の美しさや、若々しさ、美貌ありきで、男性（火星）を引き寄せる出会いには成功し、恋愛初期の展開はスムーズに運んだとしても、ある程度の期間、花の蜜を楽しんだあとには、ほかの花に目うつりするかもしれません。

「女性はお花だから思想」にとらわれている女性に気づいてほしいのは、実際の自然界のお花の目的（太陽）は「花粉を蜂に運んでほしい」ので、蜂（火星）がやってきて、ほかの花に飛んでいってくれたら、目的達成であり大成功なのです。とどまっ

てほしいわけではないのです。

　金星に同一化している多くの手段は、女性的な美しさなどの引力で相手の気持ちを引きつづけることに頑張るため、逆にいうと「ほかの美しいお花に目移りするのでは？」と、どこか不安があり安心ができませんし、それが原因で嫉妬心にもつながります。

　ここで知っていただきたいのは女性の「性的な引力」だけで「相手の気を惹きつづける」のは女性にとっても制限のある苦しい信念体系ともいえるのです。

　太陽期にはいると、女性はお花だから思想では、縁の粘着力が弱いことを知るような体験が増えはじめ、引き寄せたものを「つかむ」には男性性的なありかた、「積極性」が必要なことを体験から学んでいくでしょう。

　つまり男性任せの恋愛や、女性的な部分だけで気を惹くのではなく、内なる男性性を育てながら「離れない接点」をつくる目覚めです。

　それは、引き寄せた縁を見極めながら発展させる力を養うことになります。

　例えば「相手に好かれる」ことや「相手に選ばれる」ことに

意識を向けすぎるのではなく、自分に相応しい相手なのかを同時に見極めるには、早い段階で「彼女はいるの？」「真剣交際できる人を探しているから」と意図を明らかにすると「遊び」や「軽い気持ち」でよってくる蜂がいても、ある程度、自分を守ることができます。

　男性と接点をつくるには「男性性を意識する」ことは以外かもしれませんが、女性性は引き寄せる力はありますが粘着力が弱めなので、蜂は飛んでいくかもしれません。このことはパートナーシップに関係する12サインの天秤座サインから蠍座サインの移行のなかでも象徴されていますが、天秤座サインで粘着度が緩かった関係を、蠍座サインでは二人の「絆の質」を変えはじめます。

　天秤座サインの守護星は「金星」で蠍座サインの守護星は「火星と冥王星」です。つまり12サインのなかでもパートナーシップで「欲しいものをつかむ」には引き寄せたご縁にたいし、火星の「積極性」をつかうことで「長期的な絆」がつくれることが描かれているのです。

　では、なぜ女性が男性性を使うことで男性と「接点」ができるのでしょう。

私たちはうまれた瞬間から「男性」「女性」として性がわかれているので「女性であること」「女らしさ」は、それほど強調しなくても、男性からみたら女性であるだけでないものをもつ魅力的な存在です。

　男性は自分のなかの「女性要素」を女性に投影して魅了され、反対に女性は自分のなかにある「男性要素」を男性に投影して魅了されるのが、恋愛初期の自然な流れです。

　人間は「知らないもの」「異質なもの」にワクワクし惹かれますが、よく知っているものや、馴染み深いものにはワクワクしません。そのかわり馴染んだものは理解がしやすいので、共感できる安心感や、居心地の良さがうまれます。

　つまり「恋愛初期」は異質なものに惹かれ、知らない性質にワクワクできることが楽しく、知りたい衝動のトキメキにつつまれます。ですがトキメキは、ある程度、知りたい気持ちが満たされていくと興味が落ち着いていくものです。不足から熱望していたワクワクやトキメキもお腹いっぱいになればおだやかになります。
「トキメキ」を指針におく恋愛観の場合、お互いが満たされて「トキメキ」がおさまった後には、どうやってお互いをつなげ

ていけばいいのか？きっと、わからなくなります。

　女性の相談を聞いていると「好き、好き」の高揚感を恋愛の軸においているので、気持ちが落ち着くことに不安をかんじ、トキメキがなくなると「相手のことが好きかどうか？わからなくなった」と、別れたほうがよいか？と悩んでしまい、相談を受けることがあります。

　女性が金星意識に価値をおいているときには「トキメキ」や「好き嫌い」など、落差のある感情のジェットコースターのふり幅に楽しさをかんじ、これが「恋愛のすべて」と思っていくことになるでしょう。感情のジェットコースター、恋する高揚感は、占星術では5ハウスや獅子座サインでも「独りで盛り上がれる」熱感覚として楽しいものとなるのですが、5ハウスや獅子座サインは片思いのような、一方的な恋心にもなりやすいため、トキメキ重視の恋愛軸だと「親密さがない」ほうがトキメキは維持しやすくなるといえるのです。
　つまり憧れの人、片思い、不倫、全然会えないなど「手に入らない存在」や、知らない部分が多いからこそトキメキも興味も維持できる、というわけです。

　これを、私たちの生活で例えると「あのワンピースが好き！

欲しい」と考えているときが、最高潮ということになります。購入してしまったらワンピースに心が奪われていた高揚は、だんだんと落ち着いて高揚感を維持するために、慌てて「次は、あれが欲しい」と新たな目的をみつけないとなりません。

　高揚感は単調な日常に、華やかな刺激を与えるので「この恍惚感にいつまでも浸りたい」と金星意識は、はまってしまいますが全惑星意識で考えていくとほかの豊かさがまっているのです。

　金星の華やかさや高揚感を「中心軸」にした恋愛は、どんな恋愛関係になっていくか想像してみましょう。

　男性は金星の明るさや、華やかさを、女性をとおして満たそうと望み、それを手にする喜びにむかって火星の野心が「カッコイイ自分」をみせることに一時的に集中し燃えるでしょう。恋愛初期はそれが自然な衝動です。

　ですが、長期的な恋愛関係をつくることを目的とするなら「金星の華やかで美しい女性像」と「火星のカッコイイ男性像」だけでつながる関係は、元気なときには会いたいけど、疲れたときには躊躇する、たまに会うのは楽しいけど、毎日会うことの意味もうすれたりします。それを例えるとディズニーランドはお互いが元気なときや、たまに行くのは楽しいけど、疲れているときや、毎日は逆にしんどいみたいなものでしょうか。

金星はパートナーシップや社交性を司る天秤座サインの守護星ですが、天秤座サインのパートナーシップ観は双方の「心地良さ」を重視し、お互いの心地良さを優先に考えます。美しい理想的な二人でいられるための「美意識」が働くために「相手の良いところをみて、自分の美しいところをみせる」距離感を保とうとします。

　それは一見すると美しさが保たれて楽しそうにもみえますが、逆に失望はしたくないともいえるので、常にお互いを「美しい型」からはみでないように「理想的なあなたでいてね」「理想的な私をみせなきゃ」と期待心と理想のイメージ像で、お互いを見張っているような緊張となります。

　その関係は、お互いに心をゆるしあっているのか？というと「スマートさ」が優位な段階なので実際には本音を話せるほど心をゆるしあってはおらず、感情的な部分では「よそよそしさ」が残っている関係です。天秤座サインのパートナーシップの思想はスマートでエレガントな関係にむかってファッション的に二人を盛り上げようとし、お互いを理想的に考えます。「美しい二人」をイメージして考えるので、経験が浅いときの天秤座サインは、相手が理想からはみだすことや、自分が理想的な姿から、はみだしてしまうと動揺し、感情的な部分を処理していくことができません。

天秤座サインが成長中のときは、美しさから反する醜いもの
を、相手のなかや自分のなかに「みたくない」となるので、醜
いものを垣間みてしまうとショックで失望し、みたくないから
「離れる」対処のしかたを対人関係のなかでくりかえし、真に
相手を尊重する意味を理解するまでは、このトライ＆エラーを
くりかえしながら、洗練させ、成長していきますが、天秤座サ
インも後半になると知性で、尊重しあう関係を、理解すること
ができるようになります。

　ですが、天秤座サインのパートナーシップはお互いを尊重す
ることを重心にした関係性のつくりかたなので、逆にいうと「尊
重＝バラバラ」にもなりやすいため、この段階での関係づく
りは、自由性は高いですが心理面での「親密さ」や「信頼関係」
は築けてない段階であるといえます。

　相手のことも自分のことも「深く知らない」距離だから美し
い印象は保たれるし、理想の姿を相手に期待することでトキメ
キも保たれます。12サインの具体的な内容は本書では詳しく
ふれませんが、パートナーシップで心理的距離を縮めていくの
は天秤座サインの次の「蠍座サイン」です。ここでお互いの関
係に深入りすることで二人を離れられない粘着力で心を一体化
させていくのです。

男性は、女性の男性性に「親近感」をかんじる

　パートナーシップで「親密さ」に移行するには、男性性を意識することが女性は鍵になります。例えば、集中力、緊張感、積極性などは男性的な要素で、これらの要素を女性にかんじると男性からみて理解しやすい「接点」がうまれ親近感をかんじます。

　例えば、男性性的な「ありかた」とはどんなものでしょうか。

◎見た目は女性的なのに「一人旅行」「一人ランチ」ができ、自立的である。

◎スポーツをしている、キャンプ、スポーツ観戦、アクティブなことが好き。

◎男性任せにせず自分の意見をいえる。または、自分で決める。

◎嫌なことは、嫌といえる。

これは、一つの例えですが、女性のなかに男性的な要素を垣間見るとギャップ感に面白さをかんじ「気さくで、つき合いやすいのかな」と男女の垣根をこえた居心地の良さをかんじるものです。

　逆に女性の場合は男性のなかに「女性的な要素」をみたときに「ここが同じ」と理解できるポイントを見つけ居心地のよさをかんじます。

　例えば、タイプの容姿、スポーツ万能、年収が高い、リーダーシップがある、力が強い……など理想的な男性条件を相手に求めるのが顕在意識ですが、実際には「女性的な要素」を男性にかんじることがなければ、心理的に安心できるポイントや理解できるものがないので「ホッとする」ものを相手にかんじることができません。

　つまり、どんなに相手がカッコよくて、お金持ちで、博識で、条件がよくても、共感できるものや理解できるものが相手のなかにみえてこなければ、一緒にいても心や思考がみえづらいので「落ち着かない」「安心できない」となるものです。

　目にみえる条件的には最高の人に出会い、思考で関係をつくろうとしても、男性的な要素が強いだけの相手には「女性は緊張し、心が苦しくなる」可能性が高くなるのです。

恋愛とは、異質なものに惹かれて一瞬はトキメキで燃え上がれますが、親近感の「接点」がなければ継続的な関係を保つことは難しく、すぐに離れやすくなることや、また、どんなに頑張って好きになろうとしても「心は動かない」となります。

　こういったことからも長期的な関係を維持するには「磁力」で引き寄せ「接点」をもてるかどうか？が大切となるのです。
　男性と接点をもつのであれば、女性は「太陽や火星や土星」といった男性的な要素、男性であれば「月や金星や木星」など女性的な要素を、自分のなかで意識しはじめると、恋愛での展開が格段にかわります。

　パートナーシップを専門にやってきた背景からも、出会いから交際につながらない、第一印象はよくても次につながらないケースで多いのは女性の「待ち」のありかた自体であったりします。

　「受動性」や「女性性」だけが、男性からみて魅力と信じる女性は多いですが、このありかたに偏ると「男性が頑張りつづけなければいけない」印象を与えます。
　実際、恋愛初期には女性の期待にこたえようと頑張ることは可能ですが、ずっと積極的でいなければいけないのは男性から

すると、大変な印象をかんじさせます。

　現代の日本人の根底にある男性が能動、女性が受動「男性が主導権をもち、女性は待つ」価値観が、いつごろに濃くなったのかを遡ると、江戸時代に男性至上主義や男尊女卑が広がり、能動と受動を男女のなかでわける価値観が濃くなり、現代にも薄まってはきているものの尾をひいています。
　例えば、日本で女性が「ジェンダー平等」を社会に訴えたとしても恋愛や結婚の場面で蓋をあけると「男性にリードしてほしい」「男性が稼ぐべき」「男性は強くあるべき」などの価値観があることも多く、それは結局のところプライベートではジェンダー平等ではなく「分離」を採用しています。

　「古事記のこころ」を伝える国学院大学の神学の博士であり渋川八幡宮の宮司をつとめる小野善一郎さんの「古事記のこころの会」を主催したとき、『古事記』の一節を説くなかに「夫婦は一本柱であり、男女を分けて考えてない、これが日本の神髄」と講座で話してくださいました。つまり肉体の構造からくる違いや、向き不向きといった部分はあるのですが、性別をわけて、上下や優劣とするとらえかたは、もともと日本にはなかったとのお話でした。
　歴史的にも原始的な時代から古墳時代までは「男女の性差別」

がハッキリとはなかったようですが、江戸時代にはいることで男尊女卑が色濃くなり、幕府が公認とする吉原遊郭ができ遊女や花魁があったのですから、そのころに、女性は「金星の特権的な豊かさや美しさ」で男性を惹きつけ、有能な「男性に選ばれる」ことが「女の価値」であり、選ばれることで女性は幸せになれると考える恋愛思想が濃くなったのかもしれません。

　現在も、男性に好かれて選ばれる姿勢が「恋愛の正しさ」と信じている女性は多いですが、それは「主導権を男性に渡す」世界を好んでつくるので、その価値観でいると恋愛関係のなかで、女性はいつも無力感をかんじることにもなるでしょう。

「男性に選ばれる」を待ちつつも転機がこない、無力感や絶望をかんじている女性たちに講座やセッションなどで「火星の使いかた」をお伝えすると、現状を突破する力がうまれ、とんとん拍子に停滞を打破し、交際や結婚をしていく女性がでてきます。

　選ばれる恋愛観を大切にしている女性をみていると、無自覚に「男性を上にする」世界にいます。その価値観を採用していると、頭のなかは、男性に選ばれること、好かれることが「自分の価値の証明」であり、そこから、追いかけさせることに没頭していくので「能動」への意識が抜け落ちます。

つまり「お上様の男性」に選ばれるために、自分は動かずして「相手を動かす」「行動を起こさせる」展開に意識がむきやすくなります。ですが、これは「引力」はありますが、長く通用する術にはなりにくいものです。

　また、実際の男性たちが「女性性」だけに魅力をかんじているかというと、結婚や交際する相手に望むものは「女性性」だけではイメージしにくく、「二人が協力しあえる姿」「この人とならいい人生を創造できるかも？」とイメージが浮かぶことにかかるようです。こういった理由からも女性が受動的な満足感に偏り「相手に好かれること」「相手を追いかけさせること」に主眼をおいた頑張りは、一時的な女性の満足は高くなりますが、長期的な発展には逆効果になることもあります。

　なぜなら、受動的な待ちスタンスで「気持ち」を引こうとすると、心配や不安や色情を煽りながら、心を揺らし「男性を行動させる」手段となります。それは男性の性欲や情や不安などの弱みに釣り糸をたらして、気を惹く術ですから「相手を安心させない」信念体系の策です。このときの男性は振り回される楽しさがあるので、それが一概に悪いとか嫌なのではありません。
　ですが、こういった受け身な姿勢で相手を振り回すことは、

男性にとっては心理的なストレスは増えるので刺激があって楽しいとはかんじても、長期的なパートナーとしては「好きだけど安心感のある良いイメージがもてない」となります。

　どんなに魅力的でタイプであったとしても「好き」や「楽しい」だけでは一緒にいられないのが結婚や長期的なパートナーシップです。

　好きの感情は二人を引き合わせる「入り口」にはなりますが、実際の継続性には「好き」をこえた「豊かなイメージが浮ぶ」ことが長期的な接点になります。豊かな二人のイメージが浮かびはじめると、人生を共にするパートナーとしてリアルな候補になってくでしょう。

金星は「かわいさ」
火星は「セクシーさ」

　昨今の日本の教育は、経済的豊かさにフォーカスし、精神性や心の部分、男女の違いを公に学べる場所がなく、肉体からくる性的な欲求や、恋愛で直面する感情面においては手薄なかんじがします。精神性や心理面についてオープンに学べる機会がないまま成人をむかえると、例えば、勉強や仕事は優秀だとしても異性とのかかわりや、対人関係のなかでうまれる「欲求」や「感情」というものの扱いかたを知らないままの大人として、社会参加していくことになります。

　例えば、日本が価値をおきやすいものに「かわいい」があり、女性は「かわいい」に惹かれます。

　「かわいい」を辞書で調べると「愛らしく、あどけないさま」の意味があり月や金星に関係する言葉でしょう。世界からみても日本の文化の一つには「Kawaii」があり、海外の人は日本にくると「Kawaii」を探し、真似するそうです。日本は「八百万の神」の信仰から、金星的な「かわいらしさ」や「魅力」をかんじとる感覚が育ちやすく、人の心をつかむことができる「抜

群の美的センス」をもともともっているといえます。

　ですが、女性が偏ったかたちで「魅力＝かわいい＝あどけない」にとどまっていくと、自立した女性になることに、どこか抵抗がでてきます。金星の魅力は、全惑星意識からみると、まだ完成形ではありません。むしろ、ここから金星の魅力を最大の栄養源にして、太陽期や火星期には「洗練された大人の魅力」を放つことができるのです。

　女性の社会進出が難しかった時代は、太陽期にはいると「結婚」することで男性天体を獲得していましたが、現代は、女性も社会進出し26歳以降に結婚で男性天体を獲得するのではなく、自分の魅力をつかって「人生を切り拓く」創造性に意識を向ける人は増えています。

　過去には、太陽期に結婚し家庭を守って生きることが「女性の幸せな生きかた」とする「ひな型」がありましたが、現代はこういった「結婚すれば幸せ」といったひな型では、満足できない女性も増えています。
　つまり「男性要素」を相手に投影するだけでは「自分の能力をもてあます」ことに女性たちは潜在的に気づいているからでしょう。

　日本の離婚率が昭和から平成にはいり、あがったのは過去の

旧いパラダイムの「ひな型」で結婚してみたものの、能動と受動をわける旧い結婚観に制限をかんじ「離婚」する夫婦が増えたように思います。これは大きな視点でみれば離婚率をとおして能動と受動をおぎなう、旧いひな型の「影」が表面化し崩れ、新たなパートナーシップや結婚観がつくられるための良い兆候です。

　女性が「主体性」や「積極性」に意欲的になれば「太陽を男性に投影する」結婚観や、男女の「こうあるべき」に窮屈さをかんじるのは自然なことです。

　恋愛相談のなかには離婚を決断する、不倫をする、ヒステリックに悩む、嫉妬心に苦しむなどの相談内容が 26 歳以降に多くなる印象があります。その女性の根底にあるのは「受動のなかだけで人生を展開する」生きかたに満足ができなくなり、潜在的なフラストレーションがあらゆるかたちで放出します。

　それは私自身の経験からもいえますが、過去に離婚を決断したとき「鳥かごのなかで幸せに歌う」守られた生きかたに「一つの豊かさ」をかんじていましたが、その状態に甘んじていても自信や満足感がなく、精神的なフラストレーションがたまっていきました。

　金星意識のときは「受動」に価値をおくので、外部から守られながら「楽しく生きる」ことが豊かだと思うのです。ですが26 歳以降になると全惑星意識の梯子として、どんな女性も「拡

大した自分像」にむかって希望をもち能動的な人生に興味がでてきます。それは、鳥かごのなかだけで十分に幸せをかんじていた鳥が、自分の力で自由に空を飛んでみたい、ほかの世界を怖いけどみてみたい、枠を飛びだしたいなど自立的な欲求です。

　ですが、もし「かわいい私」「守られたい私」に重心をおくと、ある日、鳥かごの扉は開いているのに一人で飛ぼうとしない、飛ばない鳥になっていきます。それが、何をあらわしているのかといえば全惑星意識が「統合化された自分の状態」とすると、本来の潜在力を100パーセント使わない制限的な豊かさのなかにとどまります。

　女性の魅力が「かわいい」だけに男女が重んじていくと、無意識レベルで精神の広がりが育たない、精神的な幼さが残る大人の温床になります。日本はオリンピックの開催準備のなかで「女性は話が長いから」と男性政治家の発言が世界から問題視され解任になりましたが、この発言でも日本には旧い価値観が残っていることがみえてきます。
　「かわいい私」でいたいということは、この男性政治家の期待するような女性像の範疇からでないことになります。日本全体に染みついている旧い価値観に染まり、採用してしまうと女性の豊かさも「制限的」なのです。

かわいい私から、大人の私へ羽ばたく

　太陽期にはいると女性は結婚で男性天体を獲得することや、火星期にはいると自分の欲求をエネルギーに変えて現状を突破する意欲がわいていきます。この時期に、魂が希望する方向へのフラストレーションがたまっていくと不倫や離婚で表面化する女性もいます。

　不倫や離婚としての表面化は、本人が受動のなかを歩いてきた人生の枠にフラストレーションがたまり、火遊び的に男女関係でリスクを冒し、性的なことや恋愛で刺激を求めて発散し、バランスをとろうとして表面化するケースもあります。

　全惑星意識にむかって 10 天体がどのように発芽し、どのようなプロセスで開いていくかは誰にもわかりませんが、この時期に女性も「自立心」や「自分らしさ」を考えはじめるので受動的な生きかたから、能動的な生きかたへ梯子を昇ろうとします。

　また「セクシーさ」とは占星術では男性天体の火星にあらわれますが、占星術講座をしていると男性天体がセクシーであることに女性は驚きます。それは受動性が「女性の魅力」と信じ

ている日本では想像しにくいですが、金星は「美しくかわいい」魅力はありますが、セクシーの魅力はまだ育っていません。では、セクシーさはどのように育っていくのでしょう？

それは、自立のなかで育つものです。

ですが日本の教育は「子供の自立性」に主眼をおくよりも保護の意識が働きやすいためセクシーさにつながる自立心がなかなか養いにくい雰囲気があります。自立心を育てようとしなければ、かわいいままの精神になりますから、将来的には問題が起こっても、一人で対処する方法がわからない大人になるかもしれません。

自立心に意識をむけていくときには、起こっている事実をみる観察力が必要になりますが、大人の保護精神が働きすぎると、統合化されていない人間の粗削りな資質（思考、感情、カラダ）は悪影響だからと「野蛮なものはみせない」「男女の欲望には蓋をする」などとなりやすく、理想的な美しい人間の部分だけをきりとって、事実は隠そうとします。

ですが、それは現実離れした無菌の世界で育てることになり、競争の激しい世界で、個人が生き抜くための免疫や防衛力が乏しくなる可能性もでてきます。月の年齢域までは大人の役割と

して、そういった教育方針で子供を守ることは必要ですが、学童期から成人になるまでも無菌の保護箱にいれてしまうと、社会にでたときにやってくる山羊座サインの集団生活での縦構造やルール、蠍座サインの「男女の欲情のエネルギー」に直面したときに、衝撃が大きすぎて心が折れるかもしれません。

また、無菌室のなかでは性や恋愛にたいしての考えかたも現実感の薄い、極端な理想を描きやすく、例えば、男性も女性も商業目的の「双方にとって理想的な恋愛や性情報」を鵜呑みし、それらが、恋愛の信念体系となると、現実をみることができない偏りのある「幼い恋愛観」に閉じてしまいます。

そして恋愛や性行為のなかで予想と違う反応や、良かれと思ってしたことを拒否されると、落差にショックをうけ自尊心が傷ついてしまいます。ですが違う角度からみると、このショック体験こそが、自分の思いこみの殻を破るチャンスでもあり、事実を受けいれ意識が拡大できる機会がおとずれたということなのです。

どんなに素敵なご縁であっても、お互いにとって都合の良い情報を双方が採用しているときには分離は深くなり、お互いの理想が先行するほどに二人は交わりにくく、溝は深くなるかもしれません。なぜなら理想が主役となると「違いの事実」を現

実として受けいれ融合させていく、柔軟な視点には立てなくなります。理想のこだわりが強くなるほど葛藤はおとずれやすく、人によっては失望から相手を責めたい気持ちや、「こんなはずじゃなかった」と怒りをかんじます。

　セックスレスや夫婦の仲がこじれる相談を聞いていても、本当は仲良くしたいのに「違い」を受けいれて「融合させる」視点にたつよりは、理想の正しさを相手に押しつけたくなり、個人（エゴ）の殻に閉じていくことで、融合させる努力を放棄し、本当は「仲良くしたい」の目的を忘れてしまいます。
　お互いのエゴが強くなるほどに、現状を突破する前向きな想像力は働かなくなるため、歩み寄れないほど溝が深くなる夫婦や恋人もいます。

　また日本は「仕事、お金儲け、技術」など経済に直結しそうなことはオープンに学び、相談しやすい環境がありますが、芸術や恋愛や精神性にたいしては、今の日本は意識が低めです。
　とくに恋愛や心理的なことで悩むのは「恥」とする集合意識があり、心の悩みを打ち明けることも、書店で恋愛本やスピリュアル本を立ち読みするのも日本では「勇気の証」のようです。

　占いの現場にいると、学生から恋愛相談を聞くこともありま

すが、恋愛の悩みを両親に相談したときに冷たさをかんじ「恋愛はいい」と希望をもてなくなっている子もいますし、母親が男性のことを「悪で野蛮な生き物」と怖がらせ、服装、性的な興味を監視しておきながら、20代後半になった娘を一緒に連れてきて「先生、うちの娘は男の子と手もつないだことがないのです？うちの子は結婚できますか？」と聞くこともあります。

　恋愛をなんとなく「悪いもの」としてしまう大人もいますが、それは修正が必要です。むしろ「恋愛」は正解がないのでトライ＆エラーしながら感情面や思考力が鍛えられ「内面の自立」や「創造性」を育てることができる素晴らしいステージなのです。

　なぜなら、恋愛は内面の活動ですから、それぞれの目にみえない気持ちや考えかたの違いに直面しますし、それは「生き物」のように変化をしつづけますから、恋愛関係を豊かに維持するには、臨機応変に対処しようとする「創造性」や、融合するための「柔軟な知性」が自然と育つのです。恋愛でトライ＆エラーを繰り返していくことは、お互いのエゴがぶつかりあいながら個人の内面的な浄化や、精神的な成長と自立が必要なことに直面し、そこで自分なりの知性や精神性をもつことが必要だと、痛みをともないながら個人の資質が昇華し、洗練されていきます。

　これは勉強で目にみえる座学や、一つの答えにむかって直線的に学べるような単純なものではありません。考えるより、もっ

と高速なものを扱える、反応力や広がりのある知性が鍛えられるのです。

　ですから、大人が恋愛をムダと管理していくと、個人の内面が浄化されて変容できるチャンスも奪われていくので、知性や創造性が乏しい低速のままになります。

　また、親が「恋愛や性」にたいして葛藤があれば、子供は「恋愛や結婚の豊かさ」を知る機会は減るものです。恋愛は基本的に、お互いのエゴとエゴがぶつかりあうので、お互いの思考や感情が融合するまでは面倒なことのほうが多いものです。

　ですが、この面倒くささこそが意識の拡大にむかう恋愛の「醍醐味」といえます。恋愛で得られる豊かさは、自分一人では殻を破ることも、飛びだすこともできなかった、自分の世界から連れだしてもらい、その後には、他者との摩擦をとおして、内面的なものが磨かれ、成長につながる気づきがたくさんあるのです。

　そのとき、一人では生まれることも、受けとることもなかった「新たな豊かさ」を他者をとおして発見でき、大人になっていきます。

　このときに、エゴを重視した思考は、一つの考えを重視して「変わりたくない」となるので、自分の資質が子供から大人へと、

内側から変容できるドラマチックな豊かさが受けとれませんから、恋愛で受けとれる豊かさや真の価値を見出せなくなるのは当然です。

このことは12サインでは蠍座サインで、お互いの粗削りで尖っているエゴが昇華されていくプロセスが描かれています。この体験は、エゴの思考と感情に重心をおいた受け身の精神でいるときには傷ついたようにかんじるものですが、積極的な精神のときは「蛹が蝶に変わる」ように、どこかパッとしない、過去の殻を破ることができ、子供のようだった心身の質が、美しい大人の蝶となる歓喜を受けとります。

「セクシーさ」とは見た目ではなく
「ありかた」から滲むもの

セクシーさとは内側からにじみでる「ありかた」であり、生きる賢さ、アピール力、潔さなど生命力に根差しています。12サインでは火星が守護星になっているのは牡羊座サインと蠍座サインですが、これらの二つのサインは、牡羊座サインは生きるためのアピール力であり、蠍座サインは生きぬくために殻を破って飛びこめる潔さがあり、どちらも「生命」や「生きぬく」ために必要な突破力にかかわっています。

例えば、どんなに露出のある洋服を着ていても視覚の刺激はありますが、精神的に受け身の人にはセクシーさをかんじません。逆にいうと、一切の露出をしていなくても「生きぬく」大変さを理解していると、年齢に関係なく落ち着きがあり大人っぽさがあります。

海外などにいくと小学生でも立ち振る舞いが大人っぽい印象を受けますが、それは早い段階から子供の自主性を養うために、一人で子供を寝かせることや、経験から学ばせて、一人で生きぬく力をサポートする教育姿勢があるからでしょう。

逆に、日本は「〇〇していいですか？」「お母さんのいうとおりにしなさい」など大人の許可をとり、知性を育てる水星期以降も「失敗から学ばせる」「自分で考えさせる」など自主性を育てようとする意識は低いかんじがします。

　大人のかかわりかたが過保護的な状態だと、子供は失敗して「自分で発見し、対処できる楽しさ」を大人に奪われるので、問題が起こったときに自分で解決する能力が育ちにくくなるでしょう。占星術では水星期での大人とのかかわりかたや過ごしかたによって「太陽期で創造性が乏しくなり、どうしたらいいのかわからない大人になる」といわれています。学童期に失敗や経験から学べることがなければ、ものごとへの理解力も対処力も自然と浅くなりますから、そのことが潜在的な知性への不安や、自分の創造性に自信がもてなくなるので、逆に「誰かの情報や考えかたに正解を探す依存的な大人」を助長する下書きをつくります。

　太陽期になると、男性が恋愛相手に求めるものも変化し「大人の精神をもつ女性」に魅力をかんじ、とくに結婚相手には精神や心理的なつながりを求めるので、年上の女性に惹かれることもあります。太陽期の男性は、結婚にたいしては好き嫌いの好みだけではなく、精神的な豊かさを考えはじめます。

この時期、「結婚したくない」という男性もいますが、このような男性たちは一生、結婚したくないわけでもなさそうです。男性にインタビューすると結婚に前向きになれない理由は、結婚すると「自分の時間をもてないのでは？」と漠然としているものです。

　26歳からすべての人は「太陽期」にはいり「自分らしい人生」「何を人生でしたいのか？」それぞれに考えますが、この時期に旧いパラダイムの「女性を守る」結婚観だと「自分のやりたいことはできなくなるのでは？」と考えます。

　過去の結婚のひな型とは「結婚したら家を買い、ローンを組んで、たまに旅行にいって、両親とは仲良くして、子供をつくって、子供をいい大学にいかせて……」といったものでしょうか。
　これらの流れを男性は嫌なのではなく二人の個性が失われていくような「みんな同じ」量産型の結婚観には夢や希望をかんじにくいようです。また、このコースを歩んできた両親や、身近な上司が楽しそうではない雰囲気だと、さらに結婚の魅力はかんじにくくなります。

　また、太陽期の男性は「自分らしい生きかた」を考えはじめますが、考えはじめたばかりなので意欲はあるけど自信はなく

「太陽の道」を模索している段階です。この時期に交際している女性が受動性に重心をおいていると、男性に満たしてほしい、与えてほしいと、求めやすくなり、男性の太陽の道（仕事、夢、チャレンジ、自立）に集中する気持ちを、理解するのが難しくなることもあります。

　恋愛初期は「女性のためにやってあげたい」と思いますが、女性の月や金星を「満たす」が二人の関係のなかで、当然になると、男性が太陽の仕事や夢に集中したいときに「なんで前は一緒にいてくれたのに、今はいてくれないの？」「私の気持ちより、仕事が大切なの？」と伝えたくなるかもしれません。

　すると「僕には仕事の夢もあるから、女性を幸せにできない」と判断する男性もいます。最近では、女性でもそのような考えをもつ人は増えています。

　女性の場合は結婚したら、旦那さんの世話をしなければいけない、家事や炊事は女性がしなければいけない、遊びにいってはいけない、子供を育てなければいけない、趣味もできないし、仕事もできないし、男性のお世話をしなければいけないような結婚観に制限をかんじ、結婚に躊躇する女性も多いです。

　このような何かを諦めなければいけない、旧い結婚観はお互いにとって苦しいものですが「何かを諦める」結婚ではなく、

お互いの太陽の道や、個性が広がるパートナーシップを目指すことで風通しのよい新たな結婚観がうまれるものです。

　風通しのよいパートナーシップをつくるには「守って欲しい」「守ってあげる」能動と受動の役割を性別でわけるのではなく「やれるほうがやる」「臨機応変に対応する」など一緒に生きるために「今、何ができるのか？」お互いの積極性を使うことで風通しのよいスムーズさは、うまれます。

　太陽期にはいると誰もが少し結婚を意識しますが、この時期の男性は、まだ自信がないので「君を幸せにする」とはいえないと思っています。ですが金星意識の女性は、自信たっぷりの言葉や輝かしい態度を期待しますが、「自分の器」を知ったうえで自信たっぷりの「責任ある言葉」をいえるのは土星期（55歳〜）あたりの男性でしょう。

　太陽期の男性は「理想の姿にむかいたい」志はありますが「自分の器」をまだ知らない段階です。このときの男性の本音は「〇〇になりたいけど、できないかもしれない……そんな僕でも良いでしょうか？」かもしれません。なぜなら、やる気はあるけど無責任に「君を幸せにする」と言える未来への確証がない自分をわかっているからです。

　金星は輝かしい「太陽」を期待しますが、誠実な男性であれ

ば「夢のような大げさなホラは吹けない」ので女性が期待するような反応をしてくれないこともあるでしょう。そのとき、男性の反応の悪さ、自信のない姿をみて、私のことが好きじゃないのかな、一緒にいたくないのかな……と不安になるものですが、男性からすると真剣に考えているからこそ無責任なことはいえないし「夢のようなことをいって失望させたくない」と配慮が働きます。（もちろん、軽々しい人もいます）

　こういった太陽期の男性を理解し「自信満々ではない二人」が一緒に未来にむかうには、女性にすこしの理解と積極性があると二人の未来はひらきやすくなるものです。
　それは、過去の結婚観の「僕が君を幸せにする」与えるものと与えられるものの結婚ではなく、柔軟に役割をいれかえながら「一緒に道を歩かない？」というものです。

　例えば「私は一緒にいるだけで楽しい」「結婚しても家事もお金も二人で協力しあいたい」「お互いの趣味や友達との時間を大事にしたい」など、女性からの提案は、制限的に考えていた男性の責任や心をかるくし、その潔い「ありかた」に、セクシーな魅力をかんじさせるでしょう。

　ですが、不信感が強い女性はこのような言葉を伝えると「男

性を甘やかすのでは？」と、心配になると思いますが、基本的に、男性は仕事などで責任や意図をもつことで「良い緊張感」が保たれ、パフォーマンスがあがるポジティブな側面を理解していますから、言葉にはださなくてもご縁した女性を「幸せにしたい」と志をもっているものです。

ですから、それらを伝えたところで人格が豹変してヒモ男や怠け者になるのは基本的には考えにくく、むしろ真面目な男性は「相手を幸せにしなければ」と責任から決断ができないものです。（もちろん、そういう男性もいるので見極めましょう）

男性の「強さでもあり弱さにもなる」責任をすこし軽くできると、この女性となら一緒に生きていくのが楽しくなりそうと、頼もしいイメージがわくと希望もわきます。

嫉妬心は、男性性と
女性性のバランスが崩れている

　10天体の能動と受動、男性性と女性性、太陽と月、火星と金星など対局にある要素を統合化していくまでは、ないものをもつ対象に憧れ、惹かれるものです。

　ですが、惑星意識のときは「全惑星意識＝統合化された自分」を忘れて各々の天体にとらわれているため、ほかの天体に憧れや羨ましさをかんじても、それを認めると自分の価値が危うくなると考え、恐怖心がでることがあります。そして「ほかを認めない」ことで自分の存在価値を証明しようと批判、妬み、僻み、けり落としたいような意地悪な気持ちがうまれます。

　私自身の経験ですが20代のころは、金星を守護星にもつ牡牛座サインの「自分を満たす」に没入していました。
　五感的な快楽や、所有できる豊かさの追求がとても楽しかったのですが、ある段階から誰かの所有しているものと比較する「スパイラル」にはまり、フラストレーションや嫉妬心をかんじるようになりました。それらを解消するためにさらなる所有

欲や快楽を満たそうと海外旅行、高級嗜好、趣味、食や美、愛される体験など、官能的な喜びに拍車をかけました。

このころは、もっと良いものを自分に与えれば、心は満たされると信じていたのですが、一時的な満足はあっても虚しさがあり精神的なことが原因の病になります。この病が当時の私に「気づき」を与え、今まで意識してこなかった太陽や火星の「積極性」が新たな豊かさになると直感的にかんじることになります。

ですが、やりたいことに「チャレンジする」ことをしてこなかったので「自立した女性」に会うと憧れや、カッコよさをかんじながらも、素直に認めることが怖くもあり、積極的要素にトライしようとすると金星自我は「受け身でいたい」と抵抗をしていました。ですが、いくら考えても過去にもどればだいたい同じようなマンネリ化した、快楽的な豊かさのパターンのなかで退屈な日々があるだけです。

このとき、受動的な豊かさに限界をかんじ「嫉妬心」や「卑屈さ」が、次のステージにむかうためのシグナルになってくれました。

牡牛座サインは自己価値を知るサインなので、五感を使って「私は何をもっているのか」感受する喜びに集中します。このプロセスはエゴを形成していくうえでとても大切なことです。

ですが全惑星意識や 12 サインの成長でみていくと「豊かさ」は受けとるだけではなく、与える「豊かさ」もあるのです。豊かさのバラエティが発展途上のときには、物質として目にみえる豊かさだけに偏ることもありますが、すると精神面や感情面の豊かさを見落としやすくなります。それは、お金はあるのに心が満たされないなどです。

　相談者のなかにも過去の私と同じく自分を「金星に同一化」することで精神的に苦しむ女性はいます。相談者のなかには経済的に裕福な家系でうまれ、物質的豊かさの代表のような生きかたをしている女性が「与えられた豊かさ」「守られた状態」ではつまらなさをかんじ、精神も心も満たされずに鬱っぽくなっている人もいます。

　そのような女性たちに打開策として太陽や火星の能動性の使いかたの話をすると、魂が求めていたことがわかり、涙される女性もいます。

　また、反対に能動的に「与える」ことは得意だけど「受けとる」ことが苦手な女性もいます。その場合、人に何かしてもらうことに抵抗感があり、常に「人のため」と動きながら外に意識をむけているのが「楽」と思っているものです。ですが、この意識は双方にとってヘルシーではないこともあります。なぜなら

受けとることが苦手な人の根底には「自分の喜び」に集中することに「許可」ができてないことも多く、自分の豊かさを満たすことができていないままに外に意識がいってしまうのです。

　そのような状態で恋愛をすると「常に相手の顔色をうかがう」「相手に迷惑かけてはいけない」と遠慮しやすくなり「お互いが求めあい、満たしあう喜び」のつくりかたがわからなくなります。すると「私ばかりがやっている」といった被害者意識や自己犠牲の気持ちにつながります。

「人のため」の利他精神は素晴らしいですが、真の「利他精神」にむかうには前提として「自分の喜びがわかる状態」でなければ、どこかで怒りや嫉妬につながるものです。その場合、無理が募ってくると心が苦しくなるので、急に人から距離をおきたくなりシャットアウトするような対人関係をくりかえすかもしれません。誰もが「人のため」と美しい志をつらぬこうとしても、内なる自分の喜びがわからない状態では、真に豊かな交流を受けとることは難しくなります。受けとることに抵抗がある時は、人のためではなく「自分の喜び」に集中していくこと「受け取る」ことに抵抗がなくなるように練習していくとバランスがとれてきます。

　以前、ボランティア活動に勤しんでいた女性が嫉妬心について相談にみえたとき「ボランティア活動が喜びにつながってい

ない自分」に気づかれました。そこから数年間は活動をやめて自分を満たすことに集中し、そのあとにボランティア活動に復帰されていました。後日、「まず自分を丁寧に扱う」ことができなければ、人のことを真に助けることも、豊かにすることもできないと、深くかんじとっていました。

　それぞれ苦手とかんじる天体は違うので「女性性が大切」「太陽が大切」と一概にはいえませんが、自分の傾向を知ることで男性性と女性性のバランスをもたらし、嫉妬心に苦しんでいた過去に、心の平穏がおとずれます。

恋愛は心でかんじるもの

　これまで女性的な「月や金星」をメインとした恋愛傾向を話しましたが、ここでは月や金星をきっかけに男性天体の太陽や火星が強調されるケースについてみてみましょう。

　相談者の話を聞いていると男性天体が強調される傾向の女性は、目的に対しての、集中力があります。そのため、恋愛のすすめかたが相手の状況に寄りそうかたちですすめるより、目的にむかったかたちで「こうあるべき」と考えやすく、例えば、出会って間もなく「具体的な結婚の日」を設定するなど、目的から逆算するとスケジュールは「こうだよね？」となりやすいようです。

　こういった目的達成するためのスケジュール管理は仕事をすすめるときには有効にはたらきますが、恋愛では状況や二人の気持ちが整わないままに「目的」にむかうコミュニュケーションは、男性からすると何か急かされているようにかんじるので一緒にいても甘く優しい雰囲気をつくることや、心で交流することがしにくくなります。それらはサクサクすすめていく意味ではサッパリしていて良い側面もありますが、この状態をユーモアこめて表現すると「クライアントに契約をとりつける」空気

に似ています。

　恋愛で意図をもつことや男性天体を使う大切さは既にお伝えしましたが、ここでお伝えしたいのは「目的」だけが走り、肝心な心の部分が雑になっていると、恋愛としては本末転倒になってしまうかもしれないのです。恋愛は「お互いの心を合わせる関係」ですから「目的達成」で推しすすめてしまうと、どこか仕事のようで生産性と合理性に走りやすい感覚となり「恋愛の根本」を見失うかもしれません。それは極端にいうと「かたちだけの恋愛」「かたちだけの結婚」のように中身は何でもいいような、気持ちの密度の薄い関係に無自覚的に走っていきます。

　また、月の不安感から男性性が走ると焦燥感から「早く、早く」と結果を得ようとなってしまうことも。

　ですが「太陽＝目的」は時間をかけて創造していく方向です。「内側から満たされた二人」を目的とするなら、外側の結果のスピードよりも、ある程度、時間をかけながらゆっくりと密度を濃くする視点が必要です。

　例えば、ゼリーをつくるときに容器に液体を流しますが「早くゼリーが食べたい」と容器から早く外すと、刺激を与えればゼリーは簡単に崩れます。それと同じように個性の違う二人が一つにまとまっていくには、思考や気持ちや価値観など、お互いの尖ったものをグルグルあわせ、落ち着かせるには時間がい

るのです。

　目的意識からの思考で積極性が走りやすいときには恋愛を「1＋1＝2」と直線的に考えます。ですが恋愛は心でするものなので「1＋1＝2」をこえており「◎◎すれば〇〇になる」の計算ができない多角的な視点が必要になります。

　恋愛であつかう感情や気持ちは「生きもの」のようなものを相手にしています。流動性の高い「生きもの」を相手にするのが恋愛の基本ですから、思考だけで恋愛の展開を直線的に考えてしまうと「スケジュール重視」になっていくでしょう。すると、計画どおりにすすまないことに遭遇したときには、その思考が制限や緊張をうみ「なぜ計画どおりにいかないの？」「前はこういったのに」「何が正解なの？」と、思いどおりにいかない事態にストレスをかんじ、匙をなげたくなることや、スケジュールへの焦りから、違う正解があるかも？と「次の正解」を探したくなるかもしれません。

　惑星意識のときは一つの正解があると考えるので、一つの納得のいく答えにたどり着けないと、混乱し、迷い、その焦りや不安から「ほかの正解がきっとあるかもしれない」と探そうとしますが、恋愛は「生きもの」のようなので一つの決まった正解がないを認めるまでは、いつも同じ葛藤が生じます。

ですが、この葛藤はエゴの思考が惑星意識の状態から全惑星意識に渡りをつけ、頭がやわらかくなるチャンスです。

　つまり恋愛で扱うものはいくら思考で過去から、情報分析し計画しても、そのとおりには「展開しない」のが事実とすると、ここで必要なのは目的にむかった直線的な計画性や集中力ではなく、柔軟に対応できる女性的な受容力に意識をむけていくことでバランスがもたらされます。

　恋愛は前提として、心でするものなので「愛」のような優しい交流をかんじあうことがなければ長期的な交際や、結婚をイメージしてもうまくわかちあえないと直感的にわかるものです。

　男性的な集中だけではなく、女性的な横へのひろがり、心の交じりあいに意識がむくと弾力のある美しいゼリーができあがります。

　これまでに男性天体を使いながら、相手にやりたいことは、伝えていたのに関係がまとまらないケースは、目的にむかって思考とカラダだけが走っていないか？確認してみるといいです。

　男性は女性の「女性性（月や金星や木星）」の優しさ、明るさ、受容力に惹かれるので、女性的な受容力がみえてこないと「僕のこと好きなのかな？」「結婚できれば誰でもいいの？」と淋しい気持ちを与えていることになりかねません。

好きな男性に誤解を与えないためにも、心や気持ちの「交流」を丁寧に扱うことで恋愛の根本を見失わずに関係がまとまりはじめます。

　恋愛関係は一人で成り立つのではなく共同創造のステージです。相手がいることに意識をむけてみると、もしかしたら、あなたの愛情や純粋な想いが相手にはいまだ届いてないことに気づくかもしれません。その場合は目的にむかって急ぐよりも、一度たちどまり、丁寧にあなたの愛情や想いを表現しながら、二人の心が「優しくまとまる」ことに意識を向けると変化がおとずれるでしょう。

　思考と感情とカラダを合わせもつ人間は、思考は目的にむかってショートカットで合理的に走ることを楽しもうとしますが、気持ちを担当する感情面がついてこなければ恋愛としてはチグハグなのです。思考からみると感情はマイペースで「無駄」が多く扱いにくい存在にもみえますが、感情のパワーを味方につけていくと強い心をもちながら目的にむかえる柔軟な受容力になってくれます。

　恋愛は気持ちがなければ動きません、自分のなかの女性的な要素を丁寧に扱っていくことで「内側から満たされた二人」の結晶化がすすみます。

月が与えてくれた「弱さ」のギフト

　ここで月がもたらす、私たちへの「豊かさ」についてみてみましょう。月は地球の一番近くを周っているので馴染みぶかく、心理面にとても影響が強い天体といわれています。

　とくに女性は月経があるので「月と気持ち」のかかわりをダイレクトにかんじているでしょう。月は気分、感情、不安感、性格など人間の基礎となる、本能や情緒の土台に関係しており、それらを育むための引力として、宇宙は私たちに月の天体を「弱さ」として天は授けてくれています。

　私たちは誕生したとき地球初心者ですから、地球のことや人間世界のことは何もわかりません。そのような真っ白であるからこそ、母親に守ってもらうをベースにした「生きる」を形成します。そのときに守ってもらうをベースにした生きていくための「コミュニュケーション」や「自己アピール」が育ち、この時期に「人格の下書き」を形成します。月の年齢域では弱さや不安をベースに周囲に守られながら、たくさんの情報を吸収しますが、この時期に吸収するものを客観的に正しく理解することや、吸収したものを修正していく術は知りません。

月の年齢域は周囲にあるものを吸収し、真似をする、吸収あるのみの天体なのです。

　また月は、個人的な自我に関係するので私生活で「月を満たせない」ときには情緒が不安定になります。それを恋愛で例えると、さっきまで楽しく会っていた彼と別れ、自宅（月）に帰ってラインを送ると「返信がこない」ので「彼に嫌われたのかな？」「何かしてしまったのかな？」とネガティブな思考に支配され、心配と動揺のなかに沈んだとします。

　このとき、現状を俯瞰できれば「次、会う約束をしているから大丈夫」「彼が酔っていたので返信できないだけなのかも」または、「自分が月経中だから気にしすぎてしまうのかな」「私だったら、すぐに返信するタイプなのに」「返信が遅いのは愛がないと誰かがいっていた」などの個人的な月にとらわれていたと気づくことができるかもしれません。すると不安感も落ちついて、次の日には、何ごともなく「返信」がきて安堵します。

　このような気分のゆれからくる「不安感」は誰でもあるものです。全惑星意識の獲得をめざすと、月の弱さからくる感情を俯瞰してみやすくなり、そうすることで自分自身の、月の感情を優しく受けとめることができます。月は誰もがプライベート

のなかでむきあう、無自覚な弱さのパターンなので、月意識＝「自分だけの癖」と知るというだけでも一時的に月に気分を引っ張られても、ぬけだすのも早くなります。

　気分に直結しているのが月なので「動揺する気持ち」や「不安感」をなるべく避けたいと考えるのが、人間の顕在意識ですが、全惑星意識の高次の視点からみると、月の弱さも含めて個人は魅力的な存在であり、また、弱さがあるからこそ愛のような「あたたかさ」を理解していく下地になります。

　私たちは不安、弱さ、心配、ネガティブにかんじるものを「悪」と蓋をしがちですが、弱さがあるから人間は強くなりたいと思えるし、不安があるから人を求め、人の優しさや温かさにふれながら、助けあう意味を知り、思いやりの器が育ちます。「弱さ」や「脆さ」をバネにしながら「人格の基盤」をつくり、全惑星意識の梯子を上ろうとできるのです。

　弱さやネガティブな感情を、私たちは「悪」としやすいですが、その思想自体は「冷たい人間世界」のはじまりかもしれません。もし人間に弱さや脆さがなくなるとすれば、思いやる心や、慈悲の心、謙虚さも育ちにくくなり「人間が一番偉い」「私は完璧」「自然も神も支配できる」などの人間至上主義の傲慢さにつな

がります。このような勘違いをしていくと感謝の念、思いやり、生命を慈しむ気持ちなど、人間らしさを育てる「愛の土壌」が枯れていき、調和の心、多様性への理解の基礎は、育たなくなるでしょう。

　もし人間が弱さを否定し、悪いとしてしまうと、弱さを抱えている人の気持ちがわからない冷たい社会をつくるかもしれません。実際、ポジティブ思考が偏りがちな思想の世界では思いやりのない、心ない言動をしてしまう人も多いものです。

　どんなに文明が進化しても、人間は脆さがあり何かに依存しながら生きています。人、環境、自然界など、宇宙に存在するあらゆるものに「支えられながら」私たちは生きており、そのうえで立っています。そう考えると、人間のエゴが勘違いで暴走しているときには「月の弱さ」に直面できることで、人間は初心に立ち返ることにむかう「薬」になります。月は、人が何かに依存しないと生きていけない、一人で生きているのではなく、周囲のなかで生かされている「愛の原点」を思いださせてくれるギフトです。

　人間は弱さや欠けがあるから欲求がうまれ、無自覚に埋めたいと望みます。月はネガティブな気持ちにつながりやすいですが、不安や恐怖心というものがなければ、生きていくために必

要な、支えあいや協力しあうという、原動力はうまれません。このことを知ることは、とても重要です。なぜなら、私たちはどこか完璧で理想的な「強い自分像」を追いかけやすいものですが、物質肉体をもっている以上、埋まることのない「弱さ」や「線の細さ」があるのを忘れています。そのことを、勇気をもって認めることができれば真に自分を肯定していくことにつながり、偏った理想像への緊張も緩むようになるでしょう。

　弱さを認めることは、愛の構成要素となる「思いやり」や「慈しみ」が育ち、人の弱さをポジティブで叩くのではなく励ますこと不安感を理解しながらサポートすることが可能になります。ですが、自分の弱さを自覚できないときには、人の弱さをみたくないし理解ができないので、ネガティブな気持ちを抱えている人に対して、どこか的外れな言動や、排他的な態度になることもあります。
　偏ったポジティブな精神論は一つの方向に閉じた思考になりやすいので、結果的にエゴが暴走してしまうケースもあります。

「自分の弱さ」を認めていない女性の恋愛相談は、男性の「弱さ」がみえた瞬間に気持ちが冷めやすく「強くて輝かしいスーパーな理想的な男性」を求めることが原因で、場所や人を変えながら、「完璧な強い男性」を求めつづけます。

また、男性が弱さを認めていない場合には、女性の気持ちや、弱い立場の気持ちが理解できないので「不安」や「感情」を表現されると、対処のしかたがわからずにシャットアウトする人もいます。

　私たちは教育のなかで「完璧な理想の強い姿」にむかうことを目指そうとしますが、それ自体が「あり得ない」ことであり「弱さも含めて魅力的で完全な姿」であることを現代人は思いだすことが大切です。「弱さも含めて完全な魅力的な自分」その事実を認めていくのは、はじめ勇気がいるかもしれませんが、そのことを認めてしまえば偏った理想像を追いかける緊張から、すべての人が解放され「等身大」で生きていく「新たな人生観」を再構築できます。これは男性にとってはとくに課題かもしれません。

　「等身大」への理解が深まると、自然と柔軟性がでてくるので周囲に放つ空気は「優しい雰囲気」が広がります。ですが自分の弱さを認めることに抵抗があるときには、人に頼ること、甘えることができないので孤立感が強められ、理想のなかにいるピリピリした緊張感が周囲に漂うものです。人気を得るという言葉は、月のキーワードですが、それはこの「気」の部分に漂うものに関係があります。人間は弱さがあるからこそ魅力的で、

弱さがあるからこそ「人を求める」欲求がうまれます。

　私たち人間には消えることのない「弱さ」があり、人との交流のなかで優しさや、思いやりにふれながら、共感力が育ちます。

「生きる基本」として人が助けあい、心が安心できる生活や環境づくりをおこなうためにも、月が担当する「弱さ」を個人が肯定することで、人とのつながりのなかで「思いやり」をもつ感覚が養われるのです。

　月は愛の源流、愛の出発点となるもので、そこから離れることは、愛の実感へとつなぐ、その出発点から離れていくことを「孤立感や不安感」という感情を通して知らせてくれます。

愛の魔法が動きだす
「惑星意識から全惑星意識」へ

　私たちは誕生時に性が男女の二つにわかれますが、スピリチュアル視点で考えると、統合化された場所から分離を体験できる地球に魂が降りてきて「男と女」の肉体に魂は乗りこみます。

　そして、魂のころのような統合化されていた自分のことや、はじめは一つだったことを忘れ、惑星に同一化しながら「エゴ」を確立しようとします。

　太陽系の太陽は恒星であり「自ら輝くもの」その太陽の周りをグルグル回っているのが惑星なので、惑星は太陽に依存しています。そして月は地球の周りを回る衛星で、10天体のなかで月は惑星以下です。

　ですが地球にとっては一番近いのが月なので、月は身近にかんじます。全惑星意識で考えると惑星は、太陽を中心に周囲をまわっているのでどんなに頑張っても、惑星が太陽をこえることはできず、自らの熱源で輝くこともできないので、普遍的な安定性をもつ太陽からみると、惑星はすべて同列であり、常に

不安定な惑う星です。

　こういったことからも、衛星の月や、惑星に自我を投影していくと「自ら輝くことはできない」、常に環境や気分にグルグルと振りまわされ、太陽の意志に反して、魔がさすことや、誘惑のなかに生きることもあります。それは、惑える「楽しさ」、振りまわされる「豊かさ」でもあるわけで、それ自体が良いとか、悪いとかではありません。お伝えしたいのは惑星意識や月意識のみでいることは、人生に主体性があるとはかんじにくく、漠然と不安定さや惑いをかんじます。

　月の年齢域では、私たちは太陽的な存在に依存しながら成長します。何かに依存しなければ生きていけないのが人間なので依存が悪いわけではありません。依存度の強い幼少期から意識の成長とともに重心の対象を親から社会へと変えながら、そのときどきに「人生の重心」を変えることは可能です。そして最終的に本来的な自分、統合化された自分を目指すのが、全惑星意識です。

　全惑星意識に近づいていくと主体的に人生の舵をとれるようになるので「ここは金星にお願いしよう」「ここは土星に頼もう」といったかたちで、天体を意図に添うかたちで選べるようになります。松村潔先生は「全惑星意識は惑星において不死である」

と述べていますが、全惑星意識に近づくことは、惑星に振りまわされる受動的な生きかたではなく「使う」といった能動的な姿勢に反転していくのです。

　全惑星意識の太陽系全体を一つのオーケストラと例えると「太陽」が指揮者であり「惑星」が楽器と演奏者です。出生図全体を「あなたのオーケストラ」と考えていくと10天体が重なりあうことで奥深い音を奏でる「個性的なオーケストラ」になるわけです。

　例えば、音楽や芸術も単調なものは「わかりやすい楽しさ」がありますが、単調なものはすぐに飽きてしまうように、私たちの個性も「わかりやすさ」や「単調さ」で片づけてしまうと「血液型○型な人」というように、単純な解釈と理解になります。
　ですが実際には一人の人生も、一人の出生図もそんなに単純ではありませんし、大きくみれば人間は同じでもあり、細かくみると多様な魅力にあふれる個性豊かな存在です。

　出生図から最高の音楽を引きだすには、統括するあなた＝太陽＝指揮者が「惑星＝演奏者＝楽器の癖」を知ることからはじまります。もし出生図の持ち主である指揮者が、惑星＝楽器を「知ろうとしない」「好みじゃないから関係ない」と興

味をむけるのをやめてしまえば、出生図の可能性もオーケスト
ラの魅力も半減するでしょう。つまり出生図の金星は「私」だ
けど、火星は「私ではない」と選り好みをしていくと「楽器を
排除する」ことになるので奏でる魅力も単調になるのです。

　高次のあなたの自我（ハイヤーセルフ）は、10天体のオー
ケストラ（全惑星意識）を獲得し「地球であなただけの音楽」
を奏でてほしいと望んでいるので、好みじゃない惑星を、エゴ
が仲間外れにしていると、必然的にトランジット天体や相性を
とおして「私をみてよ！」と主張しはじめます。宇宙の法則と
して「影」にしたものや「見落としたもの」にはバランスをも
たらそうとしますから影を避けるよりは、影にした要素を「認
める」ことで、横やり的に「私をみてよ」と主張されることを
避け、オーケストラ全体を、自分の思いどおりに奏でることが
できます。
　10天体すべてを「自分の一部」として興味をむけると、惑
星の見落としが減るので、最高のパフォーマンスに近づきます。
惑星意識のときには、ものごとへの理解の仕方が一つの方向に
なりますが主体と客体をいれかえるスピリチュアルワークの視
点に立つことで、避けていた影が自分の光となり、全惑星意識
への架け橋となる統合化への気づきはもたらされます。

惑星意識から全惑星意識の階段をあがった女性たち

　全惑星意識にアクセスしはじめた占星術講座の生徒は、急激に恋愛や人生が「好転」しはじめます。半年間のグループ講座をしていたときに彼氏や好きな人が居なかったグループが「全員彼氏ができる」現象が起こりました。

　恋愛に特化した講座ではないのにパートナーシップが好転しはじめたのは非常に面白いです。それは、講座をとおして全惑星意識の青写真にふれて「一つの惑星」に同一化していた自分に気づき、高次への架け橋を理解していったからでしょう。

　私たちは惑星意識で生きているときには10天体をバラバラにしていることに気づけませんから、分断された1、2個の天体に自我を投影しながら外の世界を排他的にみています。それは知らない間に色眼鏡をかけていることと同じです。

　地球では、他者と自分との違いをハッキリさせていく「エゴ」を先ずつくりますが、10天体のうちの一つの天体に「自我」をおいているときには、ほかの9天体は「自分ではない」と排除します。そして、一つの天体自我の「尊厳を守るため」にほかの天体と競うことや、戦おうとするのも惑星意識の衝動です。
　小さな自我にとらわれているときには、同調できないものや、

異質とかんじるものは敵としてしまい、恋愛で例えると、女性が「火星＝男性要素」は自分に関係ないとしているときには、男性とのご縁に対して仲間としてむかえる友愛的な気持ちではなくなり「私とあなたは違う」とする違いが前提の接しかたとなります。

これを例えるなら、女子会には誰かの彼氏や、男性は一人もいないほうが金星は楽しいというようなかんじになります

ですが、全惑星意識の視点に立つと、特定の惑星に肩入れをすれば全惑星意識の梯子を「自分で外す」こととなり、魂が成長できるチャンスを失うことを理解できます。パートナーシップがうまくいきはじめた女性たちは講座をとおして排除していた天体が、自分の「伸びしろ」であると、ハッとすることで限定的だった視界が遠くまで見渡せるようになりました。

7年ぶりに彼氏をつくり結婚された女性や、真剣交際にすすんだ女性は「女性的な天体（月と金星）にこだわっていたと気づけたのが大きかった」と話します。そこから男性にたいして、受け身だったときの「共感」や「何を与えてくれるのか？」の視点ではなく、積極的に「相手の魅力」「面白さ」を自ら発見できるようになり「違いを楽しむ」ことで、常に受けとっているものがあるとわかったそうです。

ある 30 代の女性は「男性から誘われるのを待つ」「男性の出方をみて動く」それが「男性に好まれる姿」と信じていました。日本は「女性は受け身」の恋愛美学が浸透しているので染料のように染みついた価値観を完全に脱色するのは難しいですが「何を望むか？」主張をせずに、相手の出方をみて対応する女性の「ありかた」は、男性からみると純粋さがみえないので負担となるイメージや、自己主張しないありかたが「責任を回避」しているようにみえてしまい、小狡い印象を与えてしまうこともあります。

　つまり「何をしたい」の主張なく「察してほしい」のありかたが当然になると、交際をイメージしたときに「察する＝高カロリー」がいるとかんじ、または、女性の純粋な想いや、素直な気持ちが男性には届きにくくなります。
「僕と何がしたいか？」意図がみえてこないと、未来に紡ぐ「接点」もつくりにくいのです。

　二人がスカイダイビングをして空で円をつくることをイメージしてみます。もし相手任せでいたら、すぐに離れてしまいます。広大な空のなかで「離れないようにする」には、お互いの積極性がなければペアで飛び続ける磁力は弱くなります。恋愛も同じです。

大宇宙のなかで、今この瞬間に引きあったご縁も「離れないようにくっつこうとする」お互いの意志がなければ、広い時間と空間のなかで簡単に離れてしまいますし、一方方向だけの力で維持するのは難しいのです。

　占星術にふれると、大宇宙のなかで「ご縁」することが奇跡であり、すべての出会いが運命的で神秘的なものであることがよくわかります。私たちが物質肉体をとおして接点がもてるのは長くても100年ぐらい、物質肉体がある状態で、地球で実際にご縁できる人は非常に限られており、それ自体がドラマチックなことです。

　現代の私たちは「土の時代」といわれる物質的豊かさ、経済的豊かさにフォーカスしながら発展してきたので、広大な宇宙のなかで二人が出会ったとしても、お互いが「接点」をもとうとしなければ経済活動の「忙しさ」のなかで簡単に埋もれてしまうかもしれません。

　また相談のなかで、女性が恋愛で積極的になるのは「恥ずかしいこと」と恥の意識が強くあるのをみます。恥の意識があると、消極的になり遠慮しやすくなるので「恋愛に何を望むのか？」自らアイデアや情熱をむけることを怠りやすく「楽しければ良い」「自然なかんじで」と、漠然とした意図になります。

ですが「楽しい」だけで良いなら交際しなくても、友達でもよくなり、特定の人として親密さを深める意欲は自然と薄くなったりします。

　女性は男性と過ごすなかで「楽しい」と満足し「また会いたい」とかんじていても、男性は次に会おうとしないケースがあります。このとき、女性は男性に「楽しい」をみつけ金星意識の目標は達成できたのですが、男性側は「楽しかったけど、僕と何をしたいのか?」をかんじられない場合は、未来に紡ぐ「接点」のイメージがもてないため、楽しかったけど「会う意味」を見出せないことがあるのです。

　人は太陽期になると、時間の使いかたを選択しながら生きようとするので「なんとなく楽しければいい」というなかでは生きにくくなります。このときに女性側が「なんとなく楽しければいい」に重きをおいていると極端な話、男性も「楽しければいい」だけの関係として考えはじめ、肉体関係だけや不倫となることや、結婚の意図を強くもっている女性と出会ってしまうと、ほかの女性と結婚する展開もでてきます。

　もし女性の本音が、楽しければいいだけでは「違う」と考えているなら「結婚にむかった交際をしたい」と意図をもつこと

や、現段階での恋愛目的を明らかにして「何をしたい」と主張していくことで、二人が未来にむかって「かみあう関係なのか？」わかります。女性が「やりたいこと」を主張する意味は、自分にとってふさわしい相手なのか「見極める」ことでもあり「自分を守る」ためにも必要な防衛力です。実際に「自分の望みを主張する」ことを恥とし、遠慮していた女性たちが男性まかせの関係づくりではなく「主体性」を意識していくことで、ご縁を「未来に紡ぎ」安定的な関係を創造しています。

火星を使える女性に「セクシーさ」をかんじるといいましたが、やりたい意図（太陽）にむかって「私は○○したい」と火星で主張する「ありかた」は自立の意識のあらわれであり、それは、相手任せではない「自分の尊厳」を守ろうとする防衛力をあらわします。誰もが「純粋な望み」を伝えるときには勇気がいりますし、怖さをかんじるものです。純粋であればあるほど、傷つくことを考えてしまいますし、それなら「やめようかな」となりやすいものです。ですが、怖くても「純粋な望み」を伝えようとする勇敢なありかたをみたとき、男性の心には「美しさ」として響くものをかんじます。

なぜなら、男性は仕事などでリスクをこえて「主張する」こと、自分の尊厳のために「NO」を伝える勇気の重要性を知っているので「やりたいことを主張できる」＝「自分を大切に扱

うことができる」と肌でかんじます。そして、そのありかたを垣間見たときには「頼もしさ」や「潔さ」に美しさをかんじ、結婚や真剣交際するなら、こういった「自分を大切にできる女性」がいいとかんじはじめることが、とても多いのです。

　それは、どんなに見た目が女性的であっても中身の話ですから姿やかたちに関係がありません。
　受け身の女性にたいしては男性が真剣交際に至らない、結婚を想像できない理由には「女性に主体性」がないことに漠然と不安をかんじ、つきあうと心配が増えそうで嫌という声もあります。つまり女性の姿勢が「受け身＝押しに弱い＝自分を守ろうとしない」を想像できると、楽しいけど人生を一緒に歩くには頼りない印象に映るのです。

　ですが、そのありかたは「かわいらしさ」でもあるので、おせば口説けそうといったワクワクの雰囲気があり性的な対象としてみたときには男性のハンター精神が活性しますが、真剣交際や結婚となると、それだけでは難しいというわけです。

　例えば、女性に困らない環境にいながら結婚に至らなかった男性たちが、私の占星術講座を受講した生徒とはすぐに交際し、結婚された人が何人かいます。なぜ生徒とは「結婚」に至った

のかを聞くと

◎「はじめて会ったときから何がしたいかハッキリ
　いってくれて、ほかの女性と違うとかんじた」

◎「良いところだけをみせようとせず、できること、
　苦手なところを話してくれた」

◎「自分のことばかりではなく、僕がどうしたいか？
　知ろうとしてくれた」

◎「何か一緒に創りあげることができそうとかんじた」

◎「自分の短所を、はじめから話してくれた」

　と、話します。つまり違いのある二人が接点をもつことが「可
能なのか？」それを、男性任せでなく、お互いのために、自分
の良いとところも苦手なことも明らかにしようとする能動的な
姿勢に素敵とかんじるのではないでしょうか。

　結婚相談所で男性の話を聞くなかでも、女性の期待に応える
ことが「良い男」とする恋愛論に馴染めず「僕は冷たい男」な
ので恋愛も結婚もむいてないとする男性がいましたし、生徒の
彼になった男性も、すべてを男がリードしていくのが「優しい
男性」とされている恋愛観に疲れて「一生独身でいい」と考え
ていたところに「人生を一緒に創る」イメージのわく女性が現

れたといっていました。

　このような展開を受けとる生徒は、全惑星意識にふれることで、愛や優しさのかたちには「さまざまなスタイルがある」と理解し、運命の輪が大きく回りはじめます。
　誰もが「金星」に同一化しているときには待ちの姿勢となり、自分で展開を起こしていく創造性がまだありません。そのため期待する心が制限をつくり、不満などが募りやすくなるため、男性が贈ってくれている「愛や優しさ」を見落としがちになります。

　ですが、ほかの惑星を使っていくことで制限的な世界から解放され「愛や優しさ」をオープンに受けとれるようになるのです。能動と受動の要素が使えるようになると「やりたいことができる」感覚がわかり、過去の停滞感が溶けて「奇跡」を受けとりはじめるのです。

ヨナ・コンプレックス

　アブラハム・マズローは人間の欲求に5段階の階層がある説を唱えた心理学者ですが「自分の能力を発揮することを恐れる傾向」のことを「ヨナ・コンプレックス」と名づけています。

　これは自分の使命を果たすことから逃げると表現され「変わりたい」「夢を叶えたい」と望みながらも「できない」とブレーキをかける葛藤のようなものと言われます。

　これを惑星意識の成長でみると、月から個人が成長し太陽の目的にむかい、10天体が統合化された「全惑星意識の視座」にたつことへの躊躇といえるかもしれません。

　完全受動の月の自我からはじまって、普遍的な大きな自我に通路をつないでいくのが、10天体の梯子とすると、すべての天体は「低次と高次の自我」をつなげる通路になります。

　精神世界でエゴの役割は「魂をのせた物質肉体」がこわれないよう「生き抜く」ための防衛機能として「恐怖心」を与え、未知なものや危険なことに遭遇すると、恐怖心でブレーキをかけてカラダを守る役割をするとされています。ですが、物質肉

体を維持するエゴの機能する比率が高いと「生きる」ことだけが目的というような思考パターンや意思決定になりやすく、太陽の目的や、やりたいことへ意欲を燃やすことがしづらくなり、やりたいことにチャレンジしない、変化を望まない、無理しない、リスクを避けるなど、閉じられた狭い世界でとどまる生きかたにむかわせます。

　それ自体が悪いということではなく10天体をもっている以上、受動のなかで満たしてきた惑星自我の充電が「満タン」になれば、年齢域やトランジット天体をきっかけに、大きな自我のほうにむかって、太陽や火星を使いたい能動的な気持ちが芽ばえます。

　それは自分の資質を使って、どれぐらい人生を高めることができるのか？可能性を広げることができるのか？クリエイティブさを使うことができるのか？ということに興味や憧れをもつようになります。

　例えば、趣味レベルではじめたダンスの質をあげたい、発表会では中心になりたいと、拡大した自分の夢が膨らんだとします。憧れのダンサーを日々、研究しながら「夢」の濃度を濃くしているとトランジット天体をきっかけに「憧れのダンサーに指導される機会」「発表会で中心に選考される」チャンスなど

がやってきます。これは受動的な月、水星、金星でためこんできた資質に太陽の光が照らされて、外の世界に光を放つチャンスがきたのです。

　ヨナ・コンプレックスとは、このような自分の活動のステージがアップするときに「私には無理」と後ずさりしてしまうことを指します。ステージアップすれば必然的に、今までの横のつながりとしての同胞から一つ抜きんでるので「目立つこと」になりますが、小さな自我の安全装置が強固だと、目立つより、過去のみんなと同じなかで埋もれて、気楽でのんびりできる居心地の良さへのリアリティが濃くなります。すると夢への扉は開きましたが高次のステージに踏みだすこと、階段を昇ることに躊躇する気持ちがうまれます。

「夢」や「願望」が叶う瞬間に、漠然と怖くなり戸惑うことは珍しくありません。このとき、高次の自我は歓迎しているのですが、低次の自我が「新しい世界に対応していけるのか？」と、輝かしい太陽がやってくることで、畏れおおい気持ちとなり、怖気づいてしまうのです。
　ヨナ・コンプレックスとは使命に関係するといわれますが、範囲を小さく恋愛で例えると、憧れの相手と「二人で遊ぶ」イメージを膨らませていた、ある日「今日、この後お茶でもしな

い？」と誘われたときに「今日は用事があって」と用事もないのに断ってしまった。また、恋人と結婚を望みながらも具体的な話になると茶化してぼかす、複雑な関係をシンプルにしたいと望みながら、叶う場面で能動的な返答ができず受け身になる。

　これらは、太陽の夢が叶うと生きるステージが変わりますから、低次エゴの過去に馴染みすぎると「一つ抜きんでる」「スポットライトがあたる」ことに抵抗します。ヨナ・コンプレックスとは低次のエゴが「できない」「無理」と反応することで、まるで安全装置のアラームを鳴らすように、新しいステージに馴染むためのトライ＆エラーの経験を理由をつけて避け、古巣の「気楽さ」や「心地よさ」から成長をして、でなくていいという声なのです。

　夢が叶うや、奇跡が起こる現象は、占星術では違う元素、もしくは違う天体との渡りができるときにあらわれやすい現象ですが、それは、今までとは違う縦軸の高い振動数の意識レベルからやってきます。

「現状維持」の横つながりに力を注ぐときは、違う元素、もしくは次元がはいってくる隙間がないので、低次エゴのガードで堅く閉ざしていると、すべてのチャンスを「気のせい」にしていくことも可能なわけです。「現状維持」に注力する生活は一つのエゴの安定性としては高くみえますが、新たな豊かさや、

奇跡のチャンスに気づきにくくなるので、夢の切符を受けとることができにくくなります。

　低次のエゴはとても強力です、エゴが嫌と思えば引き寄せたチャンスや、ご縁も、エゴの強靭なガードによって簡単に弾かれます。「叶えたい夢」や「願望実現」を望むなら、生活のなかに少しの余白をつくることで扉が開いたときに「今だ！」とチャンスがきたことがわかるでしょう。そのときにパッと飛び乗るための「受けとる準備」をしておくことも大切です。

　ここで2組の「夢が叶うのを躊躇していた男女の相談例」を紹介します。

　30代後半の役職ある男性が、太陽に安定性の高いグランドトリンのアスペクトをもっていました。男性は結婚したいと望みながら「なぜか、うまくいかない。どうしたらよいか？」との相談でした。出生図から女性と親密な交流はできるはずなので、仕事のペースが崩されることへの抵抗感かも？と思い、「仕事のペースを崩されることへの脅威をかんじていませんか」と聞くと、男性は驚いた様子で「そうなのです。女性とのご縁は嬉しいのですが、結婚の話になると、仕事や私生活が乱されるのでは？って、僕が思っているかもしれませんね！」と顕在意

識は結婚を望みながらも、潜在意識では結婚が叶うと、安定性の高いグランドトリンの仕事ペースが乱されることへの不安と恐怖心があることに気づき、そこに気づけたことで、恐れなくてよいことがわかり、結婚に前向きになられました。

また、ある女性は月と天王星のハードアスペクトがあり、相談内容は「現在、交際中の彼にプロポーズされ嬉しかったのですが、急に怖くなり、まだ返事ができてない」とのことでした。女性の出生図から、結婚しても一人の自由な時間が必要とかんじたので「結婚したら自由が奪われそうで怖い。と思っていませんか?」と聞いたところ「彼のことは好きなのですが、一緒に住むと自由が奪われる気がして怖いかもしれないです」と胸の内をあかしてくれました。自由を守りながらも結婚が可能なことをお伝えしたところ「彼に YES の返事をします」と笑顔になられたのです。

すべての人が出生図に描かれている「10 天体のビジョン」をもっていますが、今現在、心地が良い天体自我からすると「新たなビジョン」を受けとると、脅かされるのでは?という変化への怖さをかんじるものです。

実際に、惑星意識のときには、ほかの天体が邪魔してこないか?と考えやすいですが、全惑星意識の太陽からみると、惑星

には中心軸となる柱がないので「惑星は同列」であり、統合していくことで柱を建てるべきといえます。

　統合し、全惑星意識としての太陽だけが恒星であり、中心軸となるので、全惑星意識の太陽の視座に立つと、惑星の統合こそが、惑星を凌駕することに近づき、振りまわされることへの不安感をなくすものであるのです。

　出生図の 10 天体は、大きな自己を分割した 10 個の自己です。分割された自己に抵抗しているときには内部で、ほかの天体と仲間われを起こしますので「敵」のようにかんじてしまいますが、10 天体のすべては本来の自分を分割した一つであり、仲間であるので「自分の分身」として受けいれる視点に立つと、多様な要素を内包した、魅力ある自分に変容していきます。松村潔先生は全惑星意識になると「すべてが感動になる」と話されています。

　日本は伊勢神宮でアマテラスオオミカミの荒魂 (アラミタマ) と和魂 (ニギミタマ) と正反対にある二つの性質をそれぞれの神社で祀り、日本の古神道には一霊四魂、天とつながる「直霊 (なおひ)」は 4 つの魂、荒魂 (アラミタマ) 和魂 (ニギミタマ) 幸魂 (サチミタマ) 奇魂 (クシミタマ) から成り立っており、それらをコントロールしているのは「直霊 (なおひ)」である

との思想があります。私たちの祖先である神道からみても日本人の精神性にはもともと、アラミタマ、ニギミタマ、一霊四魂のように「対局にある多様な性質を内包している精神性」に、もともと馴染んでいるのです。

ここでは全惑星の10天体の要素を「分け御霊（ワケミタマ）」のようにイメージしてみるのもよいのではないでしょうか。

私たちは10天体の梯子を上がったり下がったりしながら多様性を内包している「個性的でユニークな存在」です。一つの天体に自我を投影しているときは自分への見方、外界の見方が「一方向」となり限定的な理解と視座になりますが、「全惑星が自分」と理解することで「梯子」を上がるまでは知らなかったバラエティのある豊かな景色や、可能性をみることはできます。

惑星意識も全惑星意識も良い悪いがあるわけではありませんが、「全惑星意識が本質に近いあなた」とかんじていただければ、現段階でどういった天体に自我を投影しているかを知り、夢を果たす際にヨナ・コンプレックスにぶつかっても、怖さを「避ける」のではなく「抱きしめながらステージアップの梯子を昇る」ことに役立つかもしれません。

そして、昇ったときには梯子の下からはみえなかった「大き

な自己」が存在し、それは小さな自己が抱えていた恐怖の「すべて」を飲みこもうと口をあけて待っているようなものです。

　私たちは「自分に越えられない」ことは人生にやってきません。本書を手に取ったすべての人が全惑星意識の大きな自己に包まれていることを思いだし「出生図の潜在力」を信頼していく勇気になれれば嬉しく思います。

愛と全惑星意識

　愛の魔法について、10個の天体を統合した「全惑星意識」というものを説明してきましたが、10天体の活性の度合いによって、愛のサイズの広がりに違いがあることを、お伝えできたものがあれば嬉しく思います。愛は生命活動の源なため、すべての人はかたちが違ったとしても「愛にむかって」生きており、すべての人の動機の背後には、必ず「愛」があります。

　愛のサイズが、自分のエゴのなかにあるときには、エゴの枠のなかで愛を探すことになります。月意識からはじまったエゴの意識が、惑星意識、全惑星意識と広がっていくと、意識の広がりとともに、愛は様子を変えながら広がっていくこととなります。全惑星意識に近づくと「思考、感情、カラダ」がその領域にあり、その領域に柱を建てながら愛の魔法を、地球で展開させていくことができるようになります。

　すべての人が、愛を体験しにきているので産声をあげた瞬間から「ここにいるよ！！」と周囲に愛を求めます。そして、周囲の人から愛を与えられ、心が落ち着き、喜びのなかにつつま

れます。私たちは「生きている実感」を味わうために愛をとおして、人と接点をもち、かかわりのなかで「生きる意味」や「生きる喜び」を見出し、宇宙全体の愛のレベルや質をあげることに貢献をしています。

はじめにもお伝えしましたが、私たちの精神的な喜びは、つねに「悟り」と「愛」のコントラストのなかで、満たされたり、枯渇したりをくりかえします。「陰陽魚図」と呼ばれる TAO のマークをみても極性の違う「陰陽」の二つの流れは落差をもつことで、永遠に生命活動が活発に保たれる道をあらわしています。私たちの魂は、道のなかで大きな二つの循環「悟りと愛」の流れにそれぞれが参加し、小さいほうにむかったり、大きいほうにむかったりしながら、そのなかで自分の本質を「思いだしたり」「忘れたり」をくりかえし、10個の惑星を梯子にした創造の旅をしています。

愛は高振動に存在しているため、「みてふれる」という具体的なところに探しているときは、愛のサイズが小さくなるため、限定的な場所でしか愛をかんじとれなくなります。その状態からスタートし、悟りのほうへ上昇し「かんじる」比率があがっていくと「愛をかんじる」瞬間が増えていきます。かんじるなかでボンヤリとみえてくるのが愛とすると「目にみえるハッキ

リしたところ」に愛を探している間は、愛や宇宙全体から自分が切り離されたようにかんじ「自分は愛されてない」「どこに愛があるの？」と虚しさや淋しさも強くなるものです。

　私自身、目にみえるころに愛を探していたときには限定的な場所や、瞬間的なできごとのなかでしか愛を確認できず、家族や恋愛関係がありながら、孤独感をかんじていました。誰かといても孤独感を強くもっている状態です。

　ですが精神世界を知り、学んでいくことで「思考と感情とカラダ」にむきあい、「下ばかりみていたエゴ」の信念体系の重たさを祓い、思考と感情とカラダの浄化をくりかえすことで、パートナーや周囲の人との間に愛が流れていることへの気づきが起こり「なぜ、今まで気づくことができなかったのだろう」とショックと共に力が抜けるような経験をしました。

　この体験はトランジットの冥王星が私の出生図の太陽に対して 90 度のときからはじまりました。冥王星は異次元との通路をつくる天体ですが、これまでは具体的なところに「愛の輪郭」を探していましたが、愛は相手との間のなかに流れている「みえない川」のようなものであり、また、ハッキリみることも触ることもできないけれど、いつも物や言葉の背後に存在してい

たことがわかりはじめたのです。この時期に地球で築いてきたエゴの価値観が死をむかえ、新たな自分が再誕生していきます。

このことを、具体的な恋愛相談におきかえてみると、彼が会いにきてくれて、共に時間を過ごしていても「彼が何を考えているかわからない」「私のことが好きか、わからない」「何も与えてくれない」と悩んでしまうときには「輪郭のハッキリしたところ」に愛を探そうとする意識のときに起こりやすいです。

もちろん愛の循環は双方で1セットなので「具体的」で「ハッキリ」したもののなかに愛をかんじることも、地球での体験として大切です。ですが、愛の振動が高くなりはじめると、輪郭のハッキリした局在的なところだけではなく「一緒にすごす」「呼応する」ことが、すでに「愛のスープのなかにいる」つまり「愛があるから一緒にいる」「好意があるから一緒に過ごす」など、物質的なところと、目にはみえないところの双方を行き来しながら愛を確認できるようになります。

それは、占星術の12サインの性質で例えると、自分が認める「限定された言葉」のなかに愛をかんじる乙女座サインと、言葉になる前の「無言」のなかに愛をかんじる魚座サインのバランスです。

そんなことは「難しい」とかんじるかもしれませんが、日本人はこれらが「もともと得意な魂」なのです。

「神も愛も、細部に宿る」

　このことを例えると、愛は日本の何かに似ています。目にはみえないけど物の背後に宿るのは日本の神への信仰です。三重県伊勢市の伊勢神宮では柱に神が宿ります。奈良県桜井市の最古の神社といわれる大神神社は三輪山がご神体です。これらからみえてくる日本は、太古から自然崇拝で「物を依り代に神が宿る」とする信仰の土台があります。日本人にとってこれらは普通ですが、見方によっては山や柱は「ただの物質」です。日本人には古くから物の背後に、高次の振動数の神をかんじ「ある」とできる心の目をもっているわけです。今もなお神社が継承され残っているのは「ある」とかんじる、心の目があることの「証」です。

　神社にいくと、どこか心が晴れるのも「祈る」行為をとおして「神」のなかに自分の本質を鏡としてみているからです。『古事記の「こころ」』の著者の小野善一郎さんは「はなれた心をもどす事、はなれてはいけない」「誰ひとり罪や穢れをもって無いのだから祓えばいい」と『古事記』をとおして日本の精神性の真髄や大祓祝詞の意味の講演活動をされていますが、つま

り自分の本質＝愛や神の領域から離れてしまうと、純粋な高次の思考や感情から離れてしまうので、悩みや心配もうまれるとのことなのです。そのようなときに神社にいくとスッキリできるのは「本質」にふれることでノイズ成分が祓われて、高次とのつながりを思いだし「潔い自分」に還れるからでしょう。

　日本人は信仰にたいして意識的ではないですが、お正月になると初詣、何かの節目には祈祷やお祓いをする習慣があります。海外からみれば日本は信仰心がある国です。ですが日本人の信仰の対象の起源は「特定の人物等」ではなく、太古から自然崇拝（恒星、太陽、滝、山、岩）であり、人が創ったものではないものを対象にしています。その状態に神をかんじる理由は、抽象的で説明しにくい理由から「信仰がない」としてしまいやすいのかもしれませんが、もともと「信仰が深い」ために、生活の一部と化してしまうので、逆に意識的になりづらいのかもしれません。

　また、松村潔先生の『精神世界の教科書』には「日本人の国民性には、個というものが存在しない」と書かれていますが、東洋人の傾向としても、エゴが「もちにくい」資質があります。ですが、これまでの第3密度の世界では「エゴのパワフルさ」が求められたので、ながい間、「エゴの扱いかた」を私たち日

本人は模索してきたように思います。

　現代の社会生活においては、エゴのマンパワーを発揮することが求められるので、周囲と自分を切り離し、エゴの輪郭をハッキリさせることが必要となります。マンパワーを使っているときには「世界は私を中心に回っている」とすべてをコントロールできていると思いこめる、ある意味での「楽しさ」があるので、エゴとしては達成感や快感があるでしょう。ですが、人間のエゴが強められていくと分離は深くなり、より一層の「特別意識」を求め「階層の落差」や「支配欲」が膨らむことになっていきます。現代のエゴのマンパワーを発揮しながら豊かさを見出していくスタイルに、どこか深いところで違和感を覚える人がいるとすれば、それは、自然崇拝の愛と調和の精神を根源的にもっている、日本的な魂の「琴線」にふれているからでしょう。それは、12サインで例えると魚座サインのような「全体性の一部として自分をとらえる」ことがしやすく、宇宙や自然から「完全に自分を切り離して考える」ことが、あまり得意ではないのかもしれません。

　現在の日本人が「信仰心がない」とする多くの理由には、信仰の対象が「特別な人間」や「具体的なもの」だと違和感を覚えるけど、自然界への信仰なら「わかる」とか、懐かしくホッ

とできるという性質をもっていると思うのです。つまり、日本人の魂の気質には高振動の「愛」や「神」のようなものを「もともと」かんじとれる資質があるということです。

　愛のような高振動のものは、存在していることもかんじさせないぐらいの優しさで、私たちの周囲を包みながら、恋愛関係での無言の間、過去と未来の間、惑星と惑星の間をつないでいます。そのことを思いだすための「思考と感情とカラダ」の浄化と統合にむかうスピリチュアルなワークをしていけば必ず、実感できるのです。

　また、日本人は愛の表現において、海外のように具体的でわかりやすいコミュニュケーションで表現しようとしないものです。このことを深読みしてみると、日本人は「はじめから」目にみえないものや、愛のようなものをかんじとれる能力が高く、具体的な言葉で表現しなくても「かんじあえる」ことも理由の一つ。大陸ではない日本は、きっと海外の人と交流がはじまるまではエゴを強くもとうとしなくても、人と人、自然、動物などが共生していく「ワンチーム精神」が当然の意識だったと想像ができるのです。愛のワンチームのスープのなかに全体がスッポリとはいっていれば、具体的な「言葉」で愛を確認しあうことをしなくても、言葉になる前の「音」のようなものや

波動（愛の振動数）を「ありかた」や「ふれあい」をとおして
意思疎通できたと思います。

　現代の社会は双子座サインのような、子供でもわかるような
具体的な言語でないと理解ができないコミュニュケーション力
や知性となり、魚座サインや射手座サインが示すような象徴的
なものや波動的なものを「理解」ができる知性も感性も鈍くなっ
ています。言語での共有は大切ですが、言葉だけに頼ったコミュ
ニュケーションや理解では制限のなかにあるのです。

　例えば、言葉にするほど「安っぽい」とは美しい感動ほど具
体的な「言語」で表現してしまうと、本質から離れて価値がさ
がる意味をもちます。社会生活では「言葉」を使って認識を共
有させていくことが当然なので、正しいように思えますが、実
際の恋愛や人間関係のなかでの「言葉」は表現の一部でしかな
く、すべてではありません。ある海外のアーティストが愛を表
現する歌を「Yellow」と題していましたが、それは言葉におさ
まらない美しいものの価値が堕ちないように表現している一つ
の例といえます。

　こういった高度な感性は、日本人の文化の歴史をみても、奈
良時代にあった最古の文献とされる『万葉集』では、人々が階

層や位に関係なく「歌」を楽しみ、象徴としての「匂い」をかんじとる嗅覚をもって、高度なコミュニュケーションと美的センスで表現されていることが、うかがえるのです。このような日本人の奥深い「感性と美学」には海外の人のほうが高く評価をしているものです。それが、現代の私たちはエゴの意識が強調された、西欧的な価値観に迎合したために（物質的豊かさ）、もともと得意だった目にみえないものにたいする感性や、全体性を見失わずに（人、自然、動物等）個が「共生」していくために必要となる「美しい創造性」や「粋な決断」ができる思考力は影を潜めています。

「愛を思いだすとき」

　精神世界の方面からみると主人の師であるアメリカのチャネラー、リサ・ロイヤル氏や、私の師であるアニー・ボッシングハム氏は「現代までの地球は約13000年の間、第3密度（惑星意識）であり、これから長い時間をかけて第4密度（全惑星意識）に移行する」と伝えています。

　第3密度とは人間の「エゴがもっとも強くなり、眠りが深くなる」ことを表し、現代人は忘我状態で「自己喪失しながら眠りの中で生きている」といいます。それは魂が眠った状態で、

霊的な高次のつながりと最も離れた 13000 年間だったことを意味します。エゴの舵取りが強くなると「分離」は深くなり、自然界や「自分の本質」と切り離しながら、あらゆる高次のものから「はなれた心」で地上生活をしていくこととなり、その生きかたはオープンというより全体性を見失い、外部とのつながりをかんじることは難しくなることを意味します。

　占星術視点でみても、過去 200 年ぐらいは「土の元素（システムやかたち、物質）」を拡大させる社会の潮流があり「物質的な豊かさ」を発展させることから、どんどん、目にみえないものや象徴的なものとのシンクロニシティへの世界観から遠ざかってしまいました。本書では 12 サインや 4 元素の内容については細かくふれていませんが、4 元素（火、風、水、土）が統合化された第 5 元素（エーテル）の領域に、愛や全惑星意識の振動があるとすると、第 5 元素としてのエーテルを 4 つに割った 4 元素（火、風、水、土）のなかで、振動が一番重たいのは「土の元素」であるのです。土の元素のなかだけに愛のような振動の高いものを探してもみつけるのは難しいということです。

　恋愛相談を聞いていると、土の元素（システムやかたち、物質)にファーカスした人生を走りつづけてきた男性や女性は「仕事」「お金」は豊かでもプライベートでは孤独と悩む人もいます。

お金や物質的「豊かさ」は生きる基盤として必要なわけですが、お金、名誉、権威を手にいれても「あなたと私は違う」とする「違いを強調させるエゴ」が強くなれば、周囲との心のつながりを断つ考えとなり、その価値観が「孤立を強め、孤独を引き寄せる」方向へ、ほとんどの人が走っていくことになります。

「土の元素」の発展で経済活動はのぼりつめましたが、その背後では家族との時間、心の豊かさ、趣味や象徴的なものを大切にする、本来の人間の創造性に必要となる側面が犠牲となり、社会全体は心理的な「遊びごころ」を失い、ストレスを抱えています。本書では、今の場所から10天体の統合をしていくことでバランスがもたらされ、解放にむかうことを、お話ししてきましたが、惑星意識は「理解しあえないなら無理」「同じであるべき」と考えやすいですが、全惑星意識になると、一つの惑星に肩入れすることはなくなり、他者との違いを理解する視座のなかで、可能性を模索していきます。

　例えば、月は、地球を中心に考える時間感覚であるので「地球で死んだら、人生は終わり」と考えます。ですが、冥王星は250年の時間感覚で、太陽系の一番外側を回っている天体です。太陽系の外宇宙にも世界は広がっていると気づいているため「死んだあとも継続する世界があるよ」と主張しています。全

惑星意識になると、双方の天体を理解できるので、地球時間で満足感をえるには月が主張する「死んだら終わり」の期限をもつことで、日々、物質肉体を維持するための欲求を満たし、地球で死ぬまでに何をするのか？と考えようとする意識が育ち、冥王星は「死後の世界に故郷があり、魂は時空をこえて何度でも楽しめる」と主張するので、地球においての死にたいする恐れやプレッシャーから解放し「死後も魂は終わらない」と無限の時間感覚でとらえることができます。全惑星意識の視座に立つと「死」にたいしても両者（月と冥王星）の主張を理解するうえで「どう生きるのか」時間も空間も統合して、そこに、主体的に創造の旅ができることを悟るのです。

これまで13000年間つづいていた第3密度の時代は「自己を喪失した眠りの意識」であり、人間のエゴが最もパワフルなことから、権力競争、戦争、支配、占領、自然破壊など人間の乱暴さが、どの時代をみても足跡を残しています。ですが13000年前までさかのぼると日本は縄文時代となり、縄文時代には争いがなく平和の時代が約1万年つづいたといわれています。そのころは、今の私たちが見落としている「豊かさ」や「知性」があり、平和が長く続いた側面もあるのかもしれません。それは、今の場所から縄文時代にそのまま帰るのではなく、そのころの知性を思いだしブレンドしていくことで、現代に新た

な創造性をいかしていくのです。

　私たちが愛と調和の共生の世界を望むとき、人と人をつなぐ愛の視座に立てるのは全惑星意識からこそ可能です。惑星意識は「分離」にむかっているので周囲や、全体をつなぐ視点には立てませんが、全惑星意識になるとエゴのほうに閉じていないため、周囲と自分が切り離されておらず、オープンな関係のなかで愛の協力関係をつくることができます。この領域に回帰していくと、周囲とのなかで休みなく高振動の「愛」や「感動」がおとずれます。そのことは惑星意識のときには想像しにくいかもしれませんが、全惑星意識になるとできることをオープンにシェアするのが自然になるのです。

　また、恋愛やパートナーシップにおいても全惑星意識になると「親密さ」で成り立ち、愛を周囲に与えていくことは特別な理由や、特別な対象ではなく、ご縁のなかで愛を放つ自分で、ベストを尽くすことになります。そのようなギブ＆ギブのありかたになれるのは、自分のなかの愛を放射できる「対象」があること自体が、自分の生きる喜びや、生きる実感につながっていることを悟っているからです。これらは自己犠牲の愛とは違う領域なので、思考で理解しようとすると難しいですが、全惑星意識に近づくとわかる愛の実感です。

私たちは人生のなかで愛の交流をもとめ、心の潤いをもとめます。それは高振動のバイブレーションにふれたいからです。愛の交流対象は恋愛とはかぎりません。昨今では推し活のような愛のかたちや、人間でなくても愛の交流がおこなわれるようになっています。自分以外の対象にむけて愛を射出できること、交流があること自体が、私たちの生きる喜びとなり生命力にもつながります。それは、いつの時代にもつづいていく、普遍的な豊かさです。

「日本らしい愛に誇りをもつ」

　ここから私のメッセージになりますが、トランジットのトランスサタニアンの天王星は牡牛座サイン、海王星は魚座サインの後半から、牡羊座サインへとびだす準備中、冥王星は山羊座サインから、水瓶座サインへと移行しました。ここから「新たな長期的ビジョン」にむかって、これまで日本人が裏側に潜めてきた、魂の資質（感覚の良さ、こまやかな感性）を意識的に反転させ、「全体性のなかで個をいかす」愛と調和の精神、自然と共にある「高次の思考力」を、あらゆる分野にエッセンスとして含ませながら「新時代の創造」にむかって、個人は世界に飛び出していく時期を迎えているとかんじてます。それは2025年の3月から皮切りとなるでしょう。この文章にピンとくるものがある人は、そのフィーリングを信頼してほしいと思

います。目にみえないものをかんじ、全体性と調和する心を、それぞれの場所で思いだすことで、その場所から「夜明け」がやってきます。

くりかえしになりますが約13000年の間に、人間たちは「エゴのパワフルさ」を十分に楽しんできました。今の場所から分離がうみだしてきた緊張から解放していく術を、私たちの魂は「はじめから」知っています。ここから長い年月をかけて第4密度に人間の意識が変わっていくと、周囲とのかかわりのなかで協力しあうことや愛というものは、より特別なことではなくなっていくでしょう。そのような美しく平和的な交流をしている地球を近い将来にみることは、まだ難しいと思いますが、日本人の魂や霊性には「もともと」愛と調和の世界を創造できるクリエィティブな知性があり、普遍的な自分（全惑星意識）に回帰することは難しいことではないと私は思っています。

それぞれが「魂の品格」を思いだし、磨いていくことで「百一匹目の猿」現象が起こり、地球全体に癒しとバランスをもたらすことが可能だという「祈りのメッセージ」をこの本にこめたいと思います。

おわりに

　長い間、「愛」について説明したい思いがありました。2018
年に松村潔先生の「全惑星意識」の言葉に出会い、本書のイメー
ジがぼんやりと降りてきました。霧のような状態だったので、
何から始めたらいいか、当時は、わかりませんでしたが、ぼん
やりとしたものを現実へおろすための準備を数年かけて練って
いました。そして、具体的なイメージとなってきた2022年に
入るころ、説話社の高木さまに企画をお読みいただき、本書の
機会をいただけたときは、この上ない喜びでした。

　これまでも、恋愛書籍は出版していますが宇宙や、意識の拡
大、精神性にふれて執筆した内容は、本書が初めてでした。愛
を探求することと、宇宙を探求することは似ているので「私と
彼」「個人と全体性」「低次と高次」の関係に、占星術ワードを
もちいながら、恋愛を説明できたのは大変さもありましたが、
新鮮で楽しいものでした。

　また、この原稿を執筆するにあたって私自身の発見もありま
した。それは過去、執筆していた状態とは書き方が違っていた
ことでした。それは、本書の一つ一つの惑星意識や全惑星意識
について、自分の経験から想いを伝えるかんじではなく、あら

ゆる言葉やイメージがおりてきたことです。この行為のなかで思いだしたのは、2017年にアニー・ボッシングハム氏から、チャネリングヒーリングを習得したときに「Verval チャネリングができるようになる」と伝えられていました。ですが、本書を書くまでは、そのことをすっかり忘れていました。今おもうと執筆中にはアルクトゥルスをチャネリングしながら、そのときどきに、メッセンジャーオブライトたち（アンタレスやシリウスなど）のサポートを受けながら、全惑星意識について書き下ろしていたことが腑に落ちます。この原稿に書かれているものは、私自身の経験にのせてはいますが、第5密度以上の存在たちから、第4密度にすすんでいる私たちへの愛と励ましがこめられています。

　また、私は、恋愛とは意識の拡大にむかう一つの道とかんじております。これまでの第3密度の世界では「個」への比率が高かったために、個人は鎖国状態となり、恋愛や、他者との接点にたいしては、先ず、ネガティブなイメージをするほうが容易いようにおもいます。ですが、「個人の殻」の防衛心が強くなっていくと、殻を破るチャンスはおとずれにくくなるので「ひろがり感」や「爽快さ」をかんじる機会もなくなっていくものです。

恋愛とは「他者を受け入れる」ことから始まりますが、好きな相手や、惹かれる相手に、飛び込むことや受け入れることを、繰り返しながら個人の殻は大きく成長していきます。そして、鎖国状態のときには知らなかった「ひろがりのある景色」を見ることとなります。これらのプロセスが「恋愛道」の面白いところでしょう。意識が拡大していくと、物事のとらえかたや、視野がおおきくなり、外部との接点は、怖いものではなく、未知にあふれた楽しいものとかんじはじめます。

　ですが、この面白さを見出せない間は、個人的な満足、快楽、損得、好き嫌い、理想の投影などとなり、恋愛の楽しさは短期間でしか「味わえない」かもしれません。それは「愛」という普遍的な価値が、背後に隠れているのを発見するまえに「ここには無い」「つまらない」として、自ら離れてしまうからです。

　ですが、意識がひろがっていくと「新たな価値」を見出した、広がりのある恋愛関係を創造できるようになります。全惑星意識になると「好き、嫌い」「良い、悪い」「正解、間違い」などの2極のなかで思考することはなくなるので、違いや、率直な意見を、積極的に理解していくことを「楽しむ」スタンスになります。それは惑星意識のときにはシリアスにみえるものですが、全惑星意識になるとユーモアをもって笑いあえます。

魂の経験は、宇宙に貢献しているため「成長と拡大」をかんじるときに「歓喜」を味わえるようになっています、それは恋愛とかぎらず、もちろん体験できますが、恋愛でおこる葛藤を気づきに変えて、「意識の広がり」を楽しみはじめると、統合も加速します。また、「ハッ」とできる瞬間を楽しめるようになると「怠慢さ」がなくなるので、退屈さ、停滞感、飽きる、はなくなり、常に新鮮さにあふれる関係を維持しやすくなります。それは、二人のなかで「変化を受け入れる」意識が、自然的にみずみずしい生命エネルギーを発生しつづけていくので、永続性のある愛を創造できます。

　さいごに、愛を理解していくにあたってご縁をしてくださったすべての人たち、勇気と励まし「発刊に寄せて」を書いてくださった松村潔先生、私を最大に理解しながらサポートをしてくれた主人に、心から感謝の気持ちがいっぱいです。

　そして、本書を現実世界に送り出してくださった説話社 CEO 高木利幸さま、デザイナーの市川さとみさまには、多大なるご尽力をいただきましたことに、心より感謝申し上げます。

2024 年 2 月　　　Tao　KAORI

発刊に寄せて

松村潔

　太陽系の惑星を全部集めたものを、全惑星意識と言います。たとえば、惑星の年齢域を考えてみると、老人になって、天王星の年齢、71歳から84歳くらいまでいくと、これまでの月、水星、金星、太陽、火星、木星、土星、そして天王星を加えた全惑星意識が手に入ると考えてもいいです。

　それぞれの惑星はどこかのサインにありますが、すべてのサインを体験し、その惑星の普遍的な性質を体感すると、これは固形物の惑星ではなく、公転軌道の惑星を示すことになります。わたしは固形物の惑星を眠った蛇。目覚めると、それは公転軌道を回転する目覚めた蛇という言い方をします。たくさんの惑星が目覚めて、太陽の周りを取り囲むと、これをタペストリーと呼んでいますが、これは惑星意識、全惑星意識から、太陽意識へとつながる架け橋を手に入れたことになります。

　一方で、創造の光線が降りていくというコースでは、太陽のまわりには、まず無形の海原があり、このなかで濃淡が発生し、

濃い部分が渦巻状に広がっていきますが、それぞれ節目ができると、渦巻が、複数の公転軌道を作り出します。惑星の公転軌道は、渦巻の節目で、惑星がそれ以上は広がることなく、同じ距離のところをぐるぐる円形に回転すると、タペストリーができきます。

　この太陽から降りていく流れでは、無から有になっていく、最初は惑星はなかった、全惑星意識にしても、惑星の集合ではなく、渦巻だったということになります。惑星の形がはっきりしない、渦巻の全惑星意識。固形惑星が集まった全惑星意識。この上から降りた視点、下から上がった視点では、惑星の扱い方がかなり違ってくるでしょう。上がるものは、ジオセントリック占星術。降りるものは、だいたいヘリオセントリック占星術になります。惑星の意味はかなり違ってきます。

　ヘリオセントリックは太陽の視点なので、人類とか集団は認識できますが、個人は認識しません。ジオセントリックは、個人が生まれたところから宇宙を見るので、個人の認識があり、それはたいてい宇宙に広がる意識に抵抗感を感じることもあります。個にしがみつくのか、それとも手放して、広がっていくのか。このあたりのコントラストを、下から、上からの視点で比較してみるのも面白いですね。

恋愛に対する考え方は、太陽の自己分割ということからすると、そもそもひとりだったものが、地上で二極化して男女になる。これはわりにツインという発想に近いです。ジオセントリック的な考えだと、見知らぬ異性とのかかわりを通じて、自己の統合化を学習する。でもそもそも自分の片割れではないので、衝突したり、意外なものを発見したりします。

　プラトンは、地上においては、この男女は、組み合わせがシャッフルされているので、自己の半身を見つけ出すことは不可能に近いと言っています。見知らぬところで出会った異性を、自己の半身に近づけることは、相手に自分の意志を無理強いし、相手の自由を奪うことになるので、あまり好ましいことではありません。そういう状況に限って、関係は近いうちに破綻します。

　地上においては、このでたとこ勝負のような関係が多く、それはそれでにぎやかで良いのかもしれません。もし自己の半身を見つけ出したいのならば、それを地上の異性に求めてはならないということです。恋愛は、求めることが人によってそうとうに違うので、まずは、どういう理由で？というのを、その人に聞いてみないことにはわかりません。東京に引っ越ししたいけど、お金がないので、とりあえず結婚してみた。そして離婚

したという人もいます。子供が欲しいので、結婚したが、子供ができたので、すぐに離婚したという人もいます。仕事をしたいけど、そのために社会的な体面が欲しい。なので、結婚相手の候補が5人いるので、わたしに決めてほしいと言ってきた女性がいました。相手には興味がないそうです。

　わたしは長く占星術のカウンセリングなどをしてきたので、このさまざまな理由というのがばらばらで、たいそう面白いと感じたことは多いです。全惑星意識を踏まえた上での恋愛、結婚は、寛容になることが多く、相手が要求にこたえないので怒るというようなことは、めったにありません。むしろ自分が知らなかったものを見て、驚きと発見があるということが多いでしょう。これは生活を楽しくするのではないでしょうか。

参考文献

- ●『完全マスター　西洋占星術』 松村潔（説話社）
- ●『古事記の「こころ」』 小野善一郎（青林堂）
- ●『精神世界の教科書』 松村潔（アールズ出版）

愛が広がる Tao KAORI おススメの書籍 ─────────

□『アミ小さな宇宙人』エンリケ・バリオス（徳間書店）
　主人公と宇宙人のアミが出会うなかで、宇宙の基本法 = 愛であることを知る。地球は愛の度数が低くて野蛮といわれショックや反発を感じながらも、アミが「何を伝えようとしているのか」徐々に理解していくプロセスは現代の私たちと重なります。

□『黄金のしずく』リサ・ロイヤル・ホルト（VOICE 社）

□『プリズム・オブ・リラ』リサ・ロイヤル・ホルト（星雲社）
　世界的に有名なチャネラー、銀河系宇宙の集合意識ジャーメインやプレアデスのサーシャを通じて、分離から統合にむかう現在の地球人の意識の移行について具体的に書かれています。
　「意識の質 = 密度」と表現され、ほかの星の種族がどんな意識なのかがわかり、自分の過去世と未来世をみているようで面白いです。リサは「愛とは宇宙そのものであり、わたし自身である」ことをメッセージしています。

□『宇宙直感でビビッと生きよう』ウィリアム・レーネン（ヒカルランド）

□『生き方の答えが見つかる本』ウィリアム・レーネン（中経出版）
　水瓶座の時代の「豊かさ」「ありかた」を教えてくれるレーネンさん。セミナーを主催したことがあります。魚座の時代までに築いてきた旧い価値観のなかで悩んでいるとき、レーネンさんは前に進むヒントをくれます。シリアスにみえた状況に軽くなれる視点がおとずれます。

□『エーテル体に目覚める本』松村潔（アールズ出版）

□『死後を生きる』松村潔（アールズ出版）
　精神世界や愛は、直線的に理解できるものではないですが松村先生の著者は、一点を理解するために「あらゆる方向から多角的に光」を照らし説明してくれています。このようなかたちで執筆してくださる先生の著書は、読むほどに輪郭をつかめるので、そのプロセスも楽しいものです。死にたいしての印象もかわるかもしれません。

□『男はその時、何を考えているのか？』田尾真一（大和出版）
　主人の書籍です。「男心」がわかる一冊なので恋愛している女性にはおススメです。この書籍は男性が女性に普段いえない「男の本音」が書かれており、男性からは癒された、理解されていて嬉しいなどの声をいただいています。本音がいえない男性の気持ちをわかってしまいましょう。

著者紹介

愛と星よみ Tao KAORI （タオ・カオリ）

1975年　三重県出身。離婚をきっかけに過去の恋愛観に疑問を感じ、愛の探求に目覚める。大手結婚相談所で勤めた後、パートーナーシップ専門として起業。同時期に精神世界を学ぶなかアルクトゥルスとのつながりを思い出す。男女の悩みに精神性をとりいれ「統合」にむかうためのスクール、セッション、ヒーリングなどの活動を夫婦で行う。2018年、松村潔氏の全惑星意識に出会い、現在は占星術をもちいたカウンセリングを行う。著書には『男が絶対、手放さない女になる39の法則』『彼の気持ちをもう一度引き寄せる32のルール』（共に大和出版）などがある。

と<ruby>星<rt>ほし</rt></ruby>よみ
愛と星よみ
～あなたにとって真実の愛を得るための魔法の力、全惑星意識のメソッド～

発行日	2024年9月22日　初版発行
著　者	Tao KAORI
発行者	高木利幸
発行所	株式会社説話社
	〒102-0074
	東京都千代田区九段南1-5-6
	りそな九段ビル5階
	https://www.setsuwa.co.jp
デザイン	市川さとみ
本文イラスト	Tao KAORI
印刷・製本	中央精版印刷株式会社

© KAORI TAO Printed in Japan 2024

ISBN 978-4-910924-21-2　C2011